일본 드라마에 빠져서
(영화 포함)

한일 인기 블로거 파랑새 통신국

일본 드라마에 빠져서
(영화 포함)

오연자 지음

진달래 출판사

한국에서 태어나서 자랐습니다.
2021년 현재 일본에서 살고 있습니다.
책 읽기를 좋아하고 생텍쥐페리의 소설
"어린 왕자"의 팬입니다.
한국을 비롯하여 일본, 중국, 태국 등의
영화며 드라마를 즐겨 보고
특히 사랑 이야기를 좋아합니다.
일본 순정 만화를 읽기 위해
시작한 일본어 공부를 시작으로
지금은 성경을 원어로 읽기 위해
히브리어, 그리스어를 공부하고 있습니다.

목 차

드라마 감상   **11**

뷰티풀 라이프　　　　　　　13

장미 없는 꽃집　　　　　　　16

유성　　　　　　　　　　　　19

붉은 실　　　　　　　　　　　20

건달 군과 안경 양　　　　　　21

허니와 클로버　　　　　　　　22

신 별의 금화　　　　　　　　23

롱 버케이션　　　　　　　　　25

금붕어 클럽　　　　　　　　　27

드래곤 사쿠라　　　　　　　　30

제로부터의 바람　　　　　　　31

늦게 피는 해바라기　　　　　　32

스트로베리 나이트　　　　　　33

닥터스 최강의 명의　　　　　　35

동경 DOGS　　　　　　　　　36

세상의 중심에서 사랑을 외치다　37

셰어 하우스의 연인　　　　　　38

10년 뒤에도 너를 사랑해　　　　39

37세에 의사가 된 나 40

성형 미인 42

가족 43

아빠와 딸의 7일간 45

스프라우트 46

피스(piece) 47

가족 팔경 49

이름 없는 독 50

닥터 X-외과의 다이몬 미치코 52

백마 탄 왕자님 53

한자와 나오키 54

바티스타 수술팀의 영광 55

별의 금화 57

작은 운전사의 마지막 꿈 58

템페스트 59

보더 60

하나자키 마이가 잠자코 있지 않아 61

사랑 62

동경 만경 63

꺾이지 않는 여자 65

나의 여동생 66

멋진 선 택시(TAXI) 68

경부보 스기야마 신타로 70

사랑하는 사이 72

나를 사랑한 스님   74

사랑의 힘   76

프래자일   80

시간을 달리는 소녀   83

세상에서 가장 어려운 사랑   85

가장 먼 은하   86

격애, 운명의 러브 스토리   88

닥터 린타로우   90

굿 모닝 콜   93

좋아하는 사람이 있다는 것   95

갑작스럽지만 내일 결혼합니다   97

미시마야 변조 괴담   99

과보호의 가호코   101

처음 사랑을 한 날에 읽는 이야기   104

반상의 해바라기   108

영화 감상   **111**

잠깐만 회사 좀 관두고 올게   113

다만 너를 사랑하고 있어   116

어둠의 아이들   118

사토라레   120

나는 조개가 되고 싶다   121

해는 다시 떠오른다   122

굿바이 124

24개의 눈동자 126

네가 춤추는 여름 128

우정 130

소년 H 131

돼지가 있던 교실 132

간츠 133

스테레오 퓨처 134

게임 135

내일의 죠우 136

자살 매뉴얼 137

노란 코끼리 138

가치 보이 139

그렇게 아버지가 된다 141

리틀 디제이 143

고교 교사 144

그때는 그에게 안부 전해줘 147

우드잡 149

변신 152

추리닝의 두 사람 155

퍼머넌트 노바라(들장미 미용실) 156

절창 158

마멀레이드 보이 161

리틀 포레스트 162

애니메이션 감상　　　　165

모모와 다락방의 수상한 요괴들　　167
폭풍우 치는 밤에　　　　　　　　170
단탈리안의 서가　　　　　　　　175
피아노의 숲　　　　　　　　　　178

작가의 말　　　　　　　　　　179

드라마 감상

뷰티풀 라이프

한국 드라마에 익숙해 있다가 일본 드라마를 보면 참 현실성이 있어 편히 볼 수가 있습니다.
서민으로서는 접하지도 못하는 세계의 이야기가 대부분인
우리나라의 드라마에서는 맛보지 못하는 일본 현지 삶의 모습을 느낄 수가 있어 수긍해보면서 보고 있습니다.
기무라 타쿠야가 출연한 뷰티플 라이프는 참 탄탄한 이야기 전개로 오래간만에 눈물을 닦으면서 보았습니다.
드라마를 보면서 신학교 1학년 때 같이 입학한 시각 장애인과의 교류를 떠올렸습니다.
살아가면서 사고로 병으로 어느 날 갑자기 장애를 입고 살아가는 사람들이 있습니다.
동급생이었던 시각 장애자 친구도 초등학교 저학년 때 병으로 두 눈을 실명하였다고 했습니다.
밝게 보았던 세상이 한순간 어둠의 세계로 바뀌었을 때 얼마나 큰 충격을 받았을지 그 뒤로 그 어둠의 세계에 적응하기 위해 얼마나 많은 고통을 받았을지….
지금도 보도 블록 위에 제멋대로 놓인 자전거에

화를 내는 그녀를 보며 보통 사람이 알지 못하는 장애인들의 고통을 새삼 느꼈습니다.

유모차를 밀고 다닐 때 길거리의 조그만 턱이며 단이 얼마나 불편을 끼치는지 몇 번이나 느낀 경험이 있습니다.

그렇지만 휠체어를 타고 다니는 장애인들은 매일 매일을 잘못하면 목숨까지 위협받는

환경에서 참으로 힘들게 살아가고 있다는 것을 드라마를 통해 여실히 느낄 수가 있었습니다.

우리가 전혀 의식하지 못하고 들어가는 곳에도 계단이 장애가 되어 조그만 턱이 장애가 되어 돌아가야 하고 심하면 들어갈 수가 없습니다.

약자에 대한 배려를 보면 그 사람의 인격을 알 수가 있고

한 나라의 성숙도를 알 수가 있습니다.

나이가 들어가면서 원활하던 몸의 여러 기관이 말을 듣지 않게 됩니다.

행동이 둔해지고 귀가 잘 들리지 않고 눈이 잘 보이지 않게 됩니다. 잔글씨가 피곤해 안경을 쓰고 그것도 힘들어 돋보기를 찾습니다. 작은 소리가 들리지 않아 TV 음량이 하염없이 커지곤 합니다.

살아가면서 우리는 하나씩 하나씩 장애를 안고 살아가는 것 같습니다. 언젠가 우리가 앉게 될 노약자석을 양보하는 마음으로 우리가 만나게 되는 수

많은 약자를 배려한다면 조금은 행복한 사회가 되지 않을까 생각해 봅니다.

전철 출입구를 막고 비켜주지 않는 사람들을 보며 조그만 공간을 양보하기 싫어 그 공간을 막는 사람들을 보며 조그만 친절에 인색한 사람들의 이기심이 내 마음을 슬프게 합니다.

밝은 미소와 작은 친절이 물결처럼 퍼져간다면 우리의 삶은 정말 아름다워지리라 믿습니다.

장애를 안고 살아가는 많은 사람이 하루하루의 삶을 참으로 행복하게 살 수 있게 되기를 진심으로 기도합니다.

장미 없는 꽃집

한국 드라마보다는 가끔 보는 일본 드라마에 감동을 하는 나날입니다. 얼마 전 11부작 일본 드라마 "장미 없는 꽃집"을 사흘 만에 전부 시청을 했습니다. 번역된 대사도 대단히 잘 된 느낌입니다. 일본어 실력자가 많습니다.

어린 시절 정신적으로 육체적으로 학대받은 상처를 앓는 두 명의 친구가 걸어가는 완전히 다른 삶의 모습을 보며 신학교 1학년 5월 휴가 때 만나게 된 스나가와 목사님을 떠올렸습니다.

오키나와에서 미국 대사관의 직원으로 근무하면서 목사라는 직업도 가지고 있는 특이한 경력의 혼혈 미국인입니다. 부모에게 학대받고 시설에 보호된 5명의 아이를 입양하여 키우고 있는 목사님입니다.

한 아이마다 그 아이의 상처 입은 이야기를 들으며 참으로 가슴이 아팠던 기억이 있습니다. 특히 셋째 아이의 이야기는 언제 떠올려도 눈시울이 뜨거워지곤 합니다.

어린 미혼모의 아들로서 세 살 때까지 방임되고 학대받은 아이는 3살이라고 보기에는 너무나 작은 체구로 머리는 떡이 되어 있고 이는 대부분 충치였습니다.

만나는 사람마다 걸걸한 목소리로 "죽여 버려"라는 말을 입버릇처럼 떠들어대는 아이였습니다. 그 아이를 집으로 데려온 첫날 잠자리에 누이고 불을 끌 때 일입니다.

갑자기 그 아이가 공포에 질려 비명을 지르며 외쳐댄 말이 너무나 충격적이었습니다. "때리지 마요." 목사님 부부가 불을 켜고 아이의 옷을 벗겨 보았을 때 아이의 몸에는 멍 자국과 담뱃불로 지진 자국이 여기저기 보였습니다.

제대로 된 밥을 먹지 못하고 젊은 엄마가 애인과 같이 먹고 흘려놓은 과자 부스러기를 먹고 연명했기에 아이의 이는 충치가 되어 있었습니다.

그 어린아이가 조금씩 정상적으로 돌아오게 되기까지는 3개월 이상의 시간이 걸렸습니다. 매일 저녁 목사님의 사모가 그 아이를 팔베개해주면서 "당신은 사랑받기 위해 태어난 사람"이라는 노래를 불러주었습니다.

너는 학대받기 위해 이 세상에 태어난 게 아니라 사랑받기 위해 태어난 존재라는 것을 끝없이 각인시켜 준 사랑과 정성 뒤에 그 아이는 조금씩 밝은 표정을 띠게 되었습니다.

이 드라마에는 "이름 없는 전사"라는 표현으로 학대받은 어린 영혼을 표현하고 있습니다. 이 세상의 누구도 믿을 수 없다는 생각으로 세상에 문을 닫고 살아가는 사람과 자신의 아픈 상처를 뛰어넘어 사랑으로 다가서는 사람이 있습니다.

주인공은 행동이 더딘 노인들이 눈치를 볼까 봐 슈퍼에서도 일부러 노인들의 차례 뒤에서 기다려 주는 마음을 가진 사람입니다. 그 표현을 들으며 너무나 따뜻한 마음이 전해져 와서 참으로 가슴이 뭉클해졌습니다.

삶이 각박해질수록 다른 사람의 행복을 위해 자신을 희생하는 사람들의 이야기가 더욱더 가슴을 울리고 그 사랑만큼이나 삶에 대한 희망이 솟아오름을 느끼고 있습니다.

유성

길어야 3시간가량인 영화와는 달리 드라마는 10화 이상 있기에 시간을 많이 소비합니다.

이복 여동생을 살리기 위해 계약 결혼까지 감행하는 주인공 남매와 친여동생을 끝없이 괴롭히는 여주인공 남매를 대조시키고 있습니다.

부자 남편 만나 신분 상승하는 신데렐라 이야기가 주종을 이루는 한국 드라마와는 달리 일본 드라마는 상당히 다양한 장르의 드라마가 있습니다.

장기 이식이라는 이제는 낯설지 않은 주제를 채택하고 있습니다.

가족이 아니면 쉽게 장기 이식도 할 수 없는 일본의 법률도 처음 알았습니다.

동생을 살리기 위해 친척 집을 전전하며 장기 이식을 해 달라고 부탁하는 오빠의 모습을 보면서 가슴이 뭉클해지기도 했습니다

붉은 실

오래전 중국 소설집 속에서 운명의 붉은 실이라는
이야기를 읽은 적이 있습니다.
부부가 될 두 남녀의 손에 연결된 붉은 실에 관한
이야기입니다. 갓 난 아이 때부터 보이지 않는 붉
은 실로 이어져 있던 두 연인의 슬픈 사연을 보며
사랑의 여러 형태에 가슴이 아프기도 했습니다.
누군가의 대역이 될 수는 없는 짝사랑을 하는 사
람이 있습니다.
자신이 좋아하는 만큼 상대방에게도 그만큼의 사
랑을 받고 싶기에 때로는 상대방을 아프게도 합니
다. 응답받지 못하는 사랑, 숨어서 하는 사랑을 하
는 사람들이 어느 드라마에나 등장합니다.
어떤 때는 그들이 하는 행동이 스토커처럼 여겨져
혐오의 대상으로 비춰기도 합니다.
그러나 누군가를 좋아하는 행동과 마음은 결국은
상대방의 행복을 우선하게 됩니다.
인류가 생겨나서 지금에 이르기까지 수많은 사랑
의 이야기가 전해지고 있습니다.
사람들은 누군가를 만나고 사랑에 빠지게 됩니다.
그 많은 사랑의 형태 중에 짝사랑만큼 아프고 슬
픈 사랑은 없으리라 여겨집니다.

건달 군과 안경 양

건달 군과 안 경양이라는 조금은 진지하지 못 한 제목 때문에 별로 흥미를 갖지 않았지만 1화를 보면서 재미를 느껴 10화까지 다 보았습니다.

잘못된 삶 속에서 한 번 붙게 된 명예롭지 못한 타이틀을 만회하기 위해 애쓰는 청춘들의 모습을 보며 코믹한 전개에 웃기도 하고 감동적인 대사에 눈물을 흘리기도 했습니다.

7, 80년의 인생 중에 청춘 특히 학창 시절은 참으로 귀한 시간입니다. 3년이라는 기간 동안 아무런 이해 관계없이 친구를 사귀고 추억을 만들어 갑니다. 되돌아보면 별 것 아닌 것에 고민하고 가슴 아파합니다. 어른이 되어 회상하면 기억 속에 남아 있지 않은 고민 그러나 그 순간에는 너무나 크게 느껴졌던 고민입니다.

자신의 꿈, 자신이 가진 열정을 발견하지 못해 방황하는 고교생들의 모습 속에서 자신의 모습을 떠올리기도 합니다. 어쩌면 조금씩 자신의 삶을 정리해 나가야 할지도 모르는 나이에 헛되이 흘려보낸 시간을 후회하고 삶에서 잃어버린 열정을 아쉬워합니다. 나는 과연 내게 남겨진 시간 속에서 무엇을 하고 싶은 것인가?

허니와 클로버

사랑이 주종을 이루는 연애 드라마에서 반드시 등장하는 짝사랑이 이 드라마에서는 주제가 되어 있는 느낌입니다.

5명의 대학생은 서로서로 짝사랑의 아픔을 안고 살아갑니다. 누군가를 바라보는 사람의 등을 응시해야만 하는 아픈 사랑의 주인공들을 봅니다.

아무리 노력해도 그들의 가슴에 도달하지 않는 사랑에 아파하는 그들의 모습을 보면서

사람 사이에 흐르는 보이지 않는 감정을 느껴봅니다. 로맨스의 여왕이라고 일컬어지는 다니엘 스틸의 소설이 떠오릅니다. 저 사람과 함께 라면 엄마가 행복한 삶을 살지 않겠냐고 딸이 생각하는 남자가 있습니다. 그렇지만 안타깝게도 엄마는 다른 사람을 선택합니다. 그리고 딸의 걱정대로 결국 엄마는 자신이 선택한 남자에 의해 비참한 최후를 맞이합니다. 드라마를 보다가 저렇게도 사랑해 주는 남자를 선택하면 좋을 텐데 왜 그렇게 어려운 사랑을 선택하느냐며 의아해질 때가 종종 있습니다. 그러나 당사자의 가슴을 뛰게 하는 사람에게 달려가는 사랑의 본질에 그 모든 일의 발단이 되는 것 같습니다.

신 별의 금화

얼마 전 신 별의 금화라는 일본 드라마를 보면서
내가 알지 못하는 또 다른 장애의 세계에 대해 생
각하게 되었습니다.
언어가 다른 세계의 사람이 서로 소통하기 위해서
는 누군가가 상대방의 언어를 익혀야만 합니다.
몸과 표정, 행동으로 의사 표현을 하기에는 너무
나 어렵고 때로는 오해가 생기고 표현의 제약이
따르기 때문입니다.
청각 장애자 여주인공을 내세운 사랑 이야기를 보
면서 소리의 세계를 느끼지 못하는 사람들의 또
다른 슬픔을 느꼈습니다.
여주인공은 수화로 말을 하다 말이 도저히 통하지
않으면 종이를 꺼내 글자로 자신의 의견을 밝힙니
다. 드라마를 시청하다가 공교롭게 음성 코덱 탓
인지 화면만 나오고 전혀 소리가 나오질 않았습니
다. 컬러 화면에 자막만이 지나가는 영상을 좇으
며 시청하는 드라마는 참으로 답답한 느낌이었습
니다. 청각 장애인들도 이렇게 느끼고 살아가고
있겠다고 조금은 알게 되었습니다.
물속에서 말을 하는 사람을 보고 있는 느낌이었습
니다.

뭔가 선명하지 않고 주위의 모든 것이 너무나 천천히 움직이는 듯한 답답함과 함께
무심코 흘려보내는 소리의 세계를 느끼지 못하는 사람들을 떠오르며 가슴이 아팠습니다.
장애인이라는 불리한 조건에도 불구하고 사랑이 많고 가슴 따듯한 여주인공을 통해
주위의 비장애인들이 상처를 회복해 갑니다.
그에 비교해 아름다운 외모와 아무런 장애도 가지지 않고 부유한 집 딸이 보여주는 비뚤어지고 마음 가득한 이기심과 추한 모습 속에서 누가 장애인인가를 생각해 보았습니다.
누구나 자칫하면 한순간에 장애인이 될 수 있습니다. 그러기에 삶의 순간순간마다 장애인에 관한 관심과 배려가 필요합니다.
지금 이 순간에도 어디에선가는 사고로 때로는 병으로 청각을 시각을 또 다른
몸의 기능을 잃어가는 사람들이 생겨날 것입니다.
긴급한 순간 전해지지 않는 목소리 때문에 들리지 않는 소리 때문에 절망하는 사람도 있을 것입니다. 그렇지만 부디 희망을 잃지 않고 하루하루를 살아가길 비는 마음입니다.
너무나 당연하게 받아들이는 모든 감각의 세계가 누군가에게는 한 번만이라도 그 감각을 느낄 수 있기를 소망하는 절실한 소원이 되어 있습니다.

롱 버케이션

큰딸이 어렸을 때 아파트로 영업 나온 야마하 음악 교실 영업 사원 말에 넘어가 야마하 음악 교실에 큰딸을 보낸 적이 있습니다.

세 살 반 교실에서는 7명 정도의 아이들이 와서 음감과 리듬을 익히기 위한 수업을 들었습니다.

엄마와 아이가 같이 참가하는 수업에서 열심히 수업을 듣고 있는 다른 애들과는 달리 큰딸은 언제나 선생님 수업보다는 나눠준 스티커를 가지고 혼자 놀고 있었습니다.

1년 몇 개월이었던 아들이 더 열심히 수업을 들었습니다. 한 사람 학원비로 두 사람이 수업을 들은 셈입니다.

매주 두 아이를 데리고 음악 교실에 다니는 게 힘들어 1년 정도에 그만두었습니다.

그렇지만 그때 받은 음악 수업이 효과가 있었는지 큰딸은 드라마의 주제곡을 들으며 악보 없이 비슷하게 전자 오르간을 두들길 정도의 음감을 발휘해서 놀란 적이 있습니다.

롱버케이션이라는 일본 드라마에서는 야마하 음악 교실의 음악 선생으로 출연하는 남자 주인공이 등장합니다.

어쩌면 자신의 꿈과는 동떨어진 직업이지만 하루 하루 주어진 삶에 충실히 살아가는
내성적인 성격의 세나라는 남자입니다.
줄리아드 음대를 목표로 1주일 내내 단지 악보와 똑같이 피아노 연주를 하는 학생에게 그는 피아노를 즐기며 치라는 충고를 합니다.
목표 달성을 하기 위한 피아노 연습이 아니라 자신이 좋아하는 곡을 즐기기 위해 하는 피아노 연주는 얼마나 행복할까요?
신학교에 입학해서 피아노에 도전했습니다.
3년간 1주일에 한 번씩 45분간의 교습을 받았습니다.
새벽 예배 시간의 찬양 반주도 몇 번 하면서 엄청 스트레스를 받으며 연습도 했습니다.
결과는 언제나 무반주의 침묵 시간이 연속되는 괴로운 결과였습니다.
연습할 때까지는 그럭저럭 치다가 실제 상황이 되면 긴장해서 엉망이 되는 것입니다.
이제는 추억이 되어 버린 피아노 반주도 졸업하고 1년도 채 되지 않아서 코드조차 기억 속에서 깨끗이 사라져 가고 있습니다.
드라마에서는 인생에서 문제가 잘 풀리지 않고 힘들고 지칠 때가 어쩌면 하나님이 주신 긴 휴가이지 않겠냐는 대사가 나옵니다.

금붕어 클럽

학생들의 연애며 교제가 묵인되고 있는 일본에서는 드라마의 소재도 대단히 다양합니다.

우리나라에서는 크게 반발을 일으킬 소지가 있는 교사와 학생의 연애물이 중학생의 출산을 다룬 내용이 드라마에서 진지하게 다뤄지고 있습니다.

어떤 면에서는 규제나 비판이 없기에 이렇게도 다양한 소재의 드라마와 영화가 만들어지나 보다고 고개를 끄덕일 때가 있습니다.

일본에서는 중학교, 고등학교에서 동아리 활동이 대단히 활발하게 진행되나 봅니다.

주일 학교에 잘 나오던 아이들도 중학교에 들어가면 동아리 활동 때문에 거의 교회를 나오질 못할 정도로 토, 일요일은 연습이며 시합 때문에 바쁩니다.

운동을 통해서 몸도 단련시키고 선 후배 간의 관계, 인간관계까지도 발전시키는 좋은 계기가 되는 것 같습니다.

금붕어 클럽이라는 드라마를 통해서 가정에서도 학교에서도 자신이 편히 쉴 장소를 잃어버려 방황하는 청소년의 모습을 보았습니다.

별로 나이 차가 나지 않는 계모와의 관계가 피곤

하여 밖으로 도는 남주인공과 술집 경영하는 어머니의 상식 밖의 행동으로 인해 왕따를 당하는 여주인공이 우연히 알게 되어 만들게 된 비밀 동아리는 여름 축제 때 건져 올린 금붕어 두 마리를 기르는 부원 둘의 금붕어 클럽입니다.

매사에 무기력했던 남주인공이 조금씩 삶에 의욕에 갖게 되고 감정을 죽이며 살았던 여주인공이 사랑을 통해 감정이 되살아나게 됩니다.

자신을 버리고 떠난 남자를 너무 닮은 딸이 싫어서 무관심과 정신적으로 상처를 주는 어머니는 이 세상에 태어날 기회를 준 것만으로도 감사하라며 딸에게 소리를 칩니다.

일본 드라마에서 때로는 영화 속에 등장하는 정신적으로 성숙하지 않은 어머니들의 공통된 대사처럼 들려 옵니다.

태어나는 순간부터 걸을 수 있고 움직일 수 있는 동물의 새끼와는 다르게 인간의 아기는 몇 년이란 세월을 누군가에게 완전히 의지하여 살아가게 됩니다.

독립된 한 사람의 성인이 되기까지는 수많은 사람의 보살핌이 있었기에 가능합니다.

스스로 자란 듯이 때로는 왜 낳았느냐고 부모에게 대드는 자식들이 있다는 말을 들은 적이 있습니다.

그들에게는 이 세상에 태어날 기회를 준 것만으로도 고마워하라는 드라마의 철없는 엄마들의 대사를 들려주고 싶습니다. 지금 이 순간에도 어딘가에서는 살아갈 기회조차 얻을 수 없는 어린 생명이 소리 없는 절규와 함께 죽어가고 있습니다.

이 세상에 보내지고 삶을 허락받은 데는 무언가 이 세상에 해야 할 일이 남아 있기 때문이라는 말을 들은 적이 있습니다.

드래곤 사쿠라

아베 히로시라는 모델 출신 배우가 폭주족 출신 가난뱅이 변호사로 등장합니다.

도산한 고등학교를 재건하기 위해 세운 기발한 아이디어와 그 꿈을 이루어가는 과정을 참 흥미롭게 감동적으로 그려내고 있습니다.

수치로 정해지는 학력 사회에서 바보 학교로 놀림을 받았던 고등학교의 학생들이 꿈조차 꿀 수 없었던 동경대에 합격하게 됩니다.

누구나가 다 할 수 없다는 부정적인 메시지를 전달할지라도 자신이 그 메시지를 거부하고 노력하고 나아갈 때 할 수 있다는 희망적인 메시지를 전달하는 보면서 마음이 따뜻해지는 드라마입니다.

이 사회를 움직이는 세력에 들어가기 위해 공부를 하라는 변호사의 말은 너무나 정곡을 찌르기에 참 많은 생각을 하게 했습니다.

불공정한 법률이며 규칙에 불평하기 전에 자신이 그것을 만드는 세력에 들어가기 위해 노력해야 한다는 것을 느낍니다. 지도자의 입장에 서게 된 사람들은 그만큼 대가를 지급하였기에 그 자리에 설 수 있게 된 것입니다. 그 환경에서 벗어나기 위해 노력하는 자세가 필요합니다.

제로부터의 바람

길거리를 걸어가다 보면 교통 표지판에 오늘의 사고 소식과 사망자 수를 적어 놓은 것을 볼 때가 있습니다. 그냥 지나쳐 가며 무심코 숫자로만 느껴지는 그것이 누군가에게는 얼마나 슬픈 의미를 품고 있는가를 이 영화를 보면서 다시 한번 생각해 보았습니다.

와세다 대학에 입학한 외아들 레이(제로)를 음주 운전으로 인한 교통사고로 잃은 어머니가 자신과 같은 슬픔을 더 겪지 않도록 서명 운동을 통해 결국, 법을 바꾸게 되기까지의 과정을 그린 영화입니다.

19년이란 세월을 한순간에 빼앗아 버린 음주 운전이란 교통사고가 단지 과실 치사라는 명목 때문에 너무나 가벼운 처벌로 끝나 버린다는 현실에 이해하지 못하고 통곡하는 어머니의 슬픔은 자식을 가진 어머니로서 참으로 가슴 아프게 다가왔습니다.

음주 운전 때문에 사람을 죽인 사람이 또다시 같은 잘못을 되풀이하는 것을 보면서 처벌만이라도 강화하여 재범을 방지하자는 주인공의 주장이 너무나 안타까웠습니다.

늦게 피는 해바라기

불경기로 인해 일본 전국의 재래시장은 셔터가 내려진 거리가 늘어가고 있습니다.

일명 셔터 거리입니다.

교외에 생긴 대형 쇼핑몰이며 쇼핑센터로 자동차를 타고 주말 가족들이 이동하게 되었습니다.

자동차 사회가 된 지금 예전부터 있었던 주차장이 없는 재래시장은 점점 사람들로부터 외면을 당하고 있습니다.

교육 문제며 취업 문제 때문에 시골을 떠난 젊은이들은 대부분 도시에 머물게 됩니다.

그리고 결혼이 늦어지면서 또는 교육비 문제로 출생률은 점점 떨어지고 있습니다.

젊은이들이 떠난 곳에는 노인들만이 남아 있게 됩니다.

초등학교가 폐쇄되고 대형 매장에 손님을 뺏긴 재래시장은 폐업이 계속되면서 가게 셔터가 내려진 채 점점 마을은 공동화되어 갑니다.

이 드라마에서는 마을을 다시 살리기 위해 애쓰는 젊은이들의 고민과 좌절 그리고 그 속에서 새로운 삶을 찾아가는 내용입니다.

스트로베리 나이트

소설 중에서는 주로 연애 소설을 즐겨 읽고 드라마도 대부분 연애 드라마를 보는 데 처음으로 재미있다고 본 형사물입니다.

여주인공이 참 멋있고 개성 넘치는 형사들이며 전개가 전혀 지루하지 않고 극을 통해 전해 주는 메시지까지 참 좋았습니다.

범죄자를 쫓는 형사들의 세계를 통해 전혀 알지 못하는 곳에서 어둠의 세계를 걷는 자들과 대치하며 살아가는 형사들의 노고와 고민을 조금은 알 수가 있었습니다.

17살에 강간을 당한 여주인공 히메카와 주임의 상처와 분노를 보면서 살해당한 가정교사의 범죄 현장을 목격하면서도 범인에게 보복당할지도 모르는 두려움 때문에 용기를 내지 못 한 남자 형사를 보면서 오래전 내 기억 속에 잊혔다고 여겼던 한 남자의 얼굴을 떠올렸습니다.

바바리코트를 입고 안경을 끼었던 매서운 눈빛,

쭉 곧은 날카로운 콧날, 얇은 입술

고등학교 3학년 가을밤 학원을 마치고 귀가하는 나를 뒤따라 왔던 남자, 흥분한 목소리로 중얼거렸던 그 사람은 바바리 코트 밑에 숨긴 나이프로

소리치면 찔러버리겠다고 나를 협박했습니다.

그 소리를 듣는 순간 내 머릿속에는 텔레비전에서 본 수많은 끔찍한 뉴스와 영상들이 스쳐 지나갔습니다.

몇 분이 지나갔는지 모릅니다.

침묵의 순간이 지나가고 긴장과 공포 속에 왠지 손을 타고 떨어지는 이물질과 아픔 때문에 얼굴을 찡그렸을 때 내 손을 살펴보고 미안하다고 그 남자는 빠르게 그 자리를 피해서 도망가 버렸습니다. 예리한 칼날에 베인 상처에서는 계속 피가 떨어지고 집에 들어가니 가족들이 놀라서 소리쳤습니다.

그 일이 있고 나서 그 겨울이 지나고 고등학교를 졸업할 때까지 방과 후 버스 정류장에는 오빠며 사촌 오빠가 마중을 나왔습니다.

지금 내 손에는 그때의 상처가 흐릿하게 남아 있습니다. 돌이켜 생각해 보면 그때 그 자리에 하나님이 보낸 천사가 지키고 보호해 주지 않았을까 여겨집니다. 그러나 그 후유증은 여전히 남아 있어 밤길은 여전히 내게는 무섭습니다.

지금 이 순간에도 범죄와의 전쟁으로 수고하고 있는 형사분들께 깊은 감사를 드립니다.

보이지 않는 곳에서 수고하는 사람들이 있기에 우리는 평안하게 잠들 수 있습니다.

닥터스 최강의 명의

거의 매일 통화하는 연로하신 어머니는 여전히 외국에서 안정된 삶을 살지 못하고 있는 딸을 걱정하고 계십니다. 다른 재미있는 드라마를 찾다가 우연히 닥터스-최강의 명의라는 일본 드라마에 푹 빠져서 정신없이 보았습니다.

8화의 의료 드라마는 참으로 군더더기가 없는 절제된 드라마로 참 잘된 드라마였습니다.

환자를 귀하게 여기고 같이 일하는 의사며 간호사 등이 행복하게 일할 수 있는 병원을 만들기 위해 노력하는 주인공을 통해 정말로 하나의 병원이 변화되는 과정이 참 재미있게 그려지고 있습니다.

우리나라의 드라마에서 자주 등장하는 의사라는 직업은 단지 드라마의 전개에 필요한 장신구 역할을 할 정도라고 느꼈지만, 일본의 드라마에서는 우리나라에서는 별로 화제도 되지 않을 직업이나 현장에서 드라마가 현실성을 띠고 전개되는 게 참 좋습니다.

진지한 표정에서는 강한 카리스마가 웃는 모습이 참으로 아름다운 남주인공도 참 멋있어 역시 드라마를 통해 미남 미녀를 보는 것이 정말 행복합니다.

동경 DOGS

텔레비전에서 방영된 파트너라는 형사물을 즐겨 보고 있습니다. 미즈타니 유타가가 연기하는 스기시타 형사가 참 멋있습니다.

작은 키인데도 정장 신사복이 너무나 잘 어울리는 주인공은 천재적인 머리며 지적이며 정중한 언어 표현까지 지금까지 드라마상에서 자주 묘사되었던 형사의 이미지와는 전혀 다릅니다.

파트너를 비롯하여 스트로베리 나이트며 이번에는 동경 DOGS라는 드라마도 재미있게 보았습니다.

범죄 조직과 싸우는 형사들의 모습을 흥미롭게 묘사하고 있습니다.

이 드라마의 주인공도 천재적인 두뇌를 가진 젊은 형사입니다. 이 드라마를 통해 처음으로 알게 된 오구리 슌이라는 183센티의 장신의 남자 탤런트가 주인공입니다.

아버지를 죽인 원수를 쫓는 그의 집념과 일본을 오랫동안 떠나 있어 변해 버린 일본 실정을 몰라서 벌어나는 격차 등등 즐겁게 지냈습니다.

우리나라 드라마와 같은 섬세한 연애 감정을 연출한 장면은 별로 없었지만 간결하면서도 절제된 느낌이 좋았습니다.

세상의 중심에서 사랑을 외치다

고교 3학년 때 너무나 깊은 사랑을 하고 아픈 이별을 한 남자의 이야기는 그 사랑이 절실한 만큼 보는 사람의 마음을 아프게 했습니다.
히트한 드라마의 대본은 대부분 여성 작가들의 것이라고 들었습니다.
주 시청자층이 여자들이 많기에 동성으로서 그들의 감성을 아는 여성 작가의 드라마가 더욱더 시청자들에게 어필하는 것 같습니다.
연인을 잊지 못하고 오랜 세월 그리워하는 남자의 이야기를 볼 때마다 언제나 떠올리는 의문이 있습니다.
과연 몇이나 되는 남자가 그토록 오랫동안 한 여자를 잊지 못하고 그리워할 수 있느냐는 생각입니다.
여자들은 사랑을 위해 남자들은 일이나 성취욕을 위해 산다는 말을 들은 적이 있습니다.
무엇보다 사랑을 먼저 여기고 꿈꾸는 여자들이기에 그토록 절절한 사랑 이야기가 쓸 수 있는 것 같습니다.

셰어 하우스의 연인

매회 무언가 생각하게 하는 내용이며 폭소를 터뜨리게 하는 대사나 연출 덕분에 참 재미있어 기다려지는 드라마입니다.

학교에서 하는 모모타로우라는 극에 출연하게 된 소년의 이야기는 인간으로서 누구나 가끔은 고민했을 주인공으로 사는 삶에 대한 소망과 절망에 대해서 다시 한번 생각하게 하는 내용이었습니다.

극 중에서 가장 주목을 받게 되는 주인공 역할을 모든 사람은 소망할 것입니다.

그러나 극에 출연한 모든 사람이 주인공이 될 수는 없습니다. 주인공인 모모타로우가 되고 싶었던 소년, 그러나 그 소년이 맡은 역할은 도깨비 3이라는 역이었습니다.

모모타로우에게 당하는 역할은 소년이 생각하기에도 한심하고 별로 자랑할 만한 역할이 아니기에 소년은 절망합니다.

그러나 모두 자신에게 맡은 바 임무에 충실할 때에 그 극이 성공할 수가 있습니다.

인생에 있어서 우리는 모두 자신의 인생의 주인공입니다.

10년 뒤에도 너를 사랑해

드라마는 긴박감이 있거나 빠른 전개는 아니었지만 공감하면서 보았습니다. 사랑하여 결혼하였지만 10년 뒤에는 이혼의 위기를 맞은 부부의 이야기입니다.

시간 여행을 통해 과거로 돌아와 두 사람의 사랑을 방해하려는 미래의 남편과 과거의 연인이 다시 사랑을 확인하는 내용입니다.

그토록 그립고 행복했던 연인의 관계가 세월 속에 그 사랑이 퇴색되어 가고 미움과 증오로까지 변화되어 간다면 참 슬픈 일입니다.

사랑을 가장 중요한 가치로 여기는 대부분 여자는 특히 변하지 않은 사랑, 영원한 사랑을 꿈꿀 것입니다. 그렇지만 현실과 환경의 영향으로 의식하지 않는 사이에 점점 두 사람의 사랑이 금이 가고 간격이 벌어질 수가 있습니다.

불행의 씨앗을 미리 방지하기 위해 미래로부터 날아온 남편은 아무튼 그 사랑을 방해하려고 합니다. 그렇지만 과거의 아무리 괴롭고 힘든 순간도 절대 헛된 것은 없으며 이미 지나가 버린 과거를 한탄하기보다는 바꿀 수 있는 미래를 위해 노력하라는 이야기를 내 이야기처럼 듣고 있습니다.

37세에 의사가 된 나

요즘 감동 있게 보고 있는 드라마가 37세에 의사가 된 나입니다.

유능한 회사원이었던 남자 주인공이 비정한 회사 방침으로 아래도급 업체의 사장을 죽음으로 몰아넣게 됩니다.

도산하게 된 공장을 구하기 위해 애썼던 사장은 결국 자살로 생을 마감합니다.

그 사건을 계기로 또한 연인의 부상으로 알게 된 병을 고치기 위해 그는 늦은 나이에 의과 대학에 가서 연수의의 생활을 하게 됩니다.

연수의의 순정 이야기라는 부제처럼 네 명의 연수의를 주축으로 병원의 의사들이며 간호사 또한 환자들의 이야기를 매회 방영합니다.

매회 뭔가 가슴을 울리는 내용이 참 감동적입니다.

닥터 지바고라는 소설을 읽으며 의사라는 직업을 동경했습니다.

피를 보는 게 힘들 것 같아서 정신과 의사가 되고 싶다는 생각도 했습니다.

그렇지만 그것은 꿈으로 끝나고 말았습니다.

인생의 어떤 시점에서 자신이 정말로 변화해야 할

순간에 직면했을 때 사람들은 참으로 결단하기가 어렵습니다.

변화해야 할 필요성을 느끼면서도 용기가 없어서 무언가 변명거리를 핑곗거리를 대며 그대로 타성에 젖어 살아가곤 합니다.

그러나 용기를 내어 결단하는 순간 또 다른 자신으로 변화될 수가 있습니다.

만약 자신이 잘못된 삶을 살고 있어 그 상태에서 벗어나고 싶다면 언제라도 그 선택과 결단을 할 수 있습니다.

용기와 결단을 통해 새로운 자신을 살아갈 수가 있습니다.

이 드라마를 보면서 매회 새로운 메시지를 듣고 감동하고 있습니다.

성형 미인

탤런트 김아중 씨가 출연한 미녀는 괴로워라는 영화가 있었습니다. 용모 때문에 언제나 불이익을 당하던 얼굴 없는 가수가 성형 미인이 되어 결국, 사랑과 성공을 쟁취한다는 내용이었습니다.

일반인도 성형을 쉽게 하는 시대가 되었습니다.

쌍둥이 자매의 언니가 외국에 가서 7백만 엥 이상의 거금을 투자하여 전신 성형을 하고 일본으로 돌아옵니다.

미인으로 탈바꿈하고 돌아와서 모델 일 하며 사랑에도 도전하지만, 여전히 자신의 마음속에 남아있는 열등감과 싸우며 외면만이 아닌 내면까지 진정한 미인으로 변화되는 과정을 그리고 있는 드라마입니다.

언제부터인가 거울에 비치는 자신의 모습을 보며 사람들의 반응을 보며 누군가는 자신감을 누군가는 열등감을 가지고 살아가게 되었습니다.

미인은 태어나는 게 아니고 자신이 만들어 가는 존재라며 사랑하기 때문에 화장하고 멋을 부리는 것이 미인이기에 용서되고 못난이이기에 비난을 받아야 하는 것은 아니라며 열변을 토하는 여주인공을 보며 참 많이 공감했습니다.

가족

우리는 살아가면서 여러 가지 선택을 하게 됩니다. 사소하게 여겨지는 일부터 운명을 결정하게 되는 중요한 선택에 이르기까지 선택의 결과는 여러 가지 형태로 나타납니다.

무의식적으로 결정하는 가벼운 선택과 몇 날 며칠을 필요로 하는 심각한 고민을 통해 결정하는 중요한 선택도 있습니다.

인생에서 가장 중요한 선택에는 세 가지가 있다고 들었습니다. 그중의 하나가 배우자의 선택입니다.

살아온 환경과 여건이 다른 두 사람이 만나서 이루어가는 가족이란 공동체는 만드는 것보다 평화롭고 사랑이 넘치는 관계로 유지해 가는 것이 더욱더 힘듭니다.

이제는 한국이 이혼율 세계 1위를 달리고 있다고 들었습니다. 통계상으로 나타나는 숫자 뒤에 숨어 있는 깨어진 가정으로 힘들어하는 사람들을 떠올려 봅니다.

이혼하는 부부도 힘들지만 어린 자식들이 있는 경우 더욱더 힘든 삶을 겪어야 하는 것은 어쩌면 아이들인지도 모르겠습니다.

부부 싸움 하는 모습을 보며 상처받는 아이들을,

부모의 이혼 원인을 끝없이 자신의 탓으로 생각하는 아이들을 생각해 봅니다.

어쩌면 어른들의 에고와 이기주의로 가장 상처받는 것은 결국 언제나 아이들일지도 모릅니다.

가족들을 부양하기 위해 일에 몰두하는 가장의 노력과 관심 밖으로 밀려난 외로움 때문에 멀어지는 부부의 관계 등 일본의 현실을 반영한 드라마 가족을 보면서 가족과 일, 부부와 자식과의 관계 등에 대해 생각해 봅니다.

모자 가정이 늘어나는 일본의 현실에서 정녕 이혼만이 정답이 될 수는 없으리라 믿습니다.

조금씩 서로를 알아가려고 노력한다면 조금씩 양보할 수 있다면 그리고 가장 중요한 가치가 무엇인지를 깨닫고 우선할 수 있다면 깨어진 가정 때문에 우는 사람들이 많이 줄지 않을까 생각됩니다.

아빠와 딸의 7일간

종신 고용, 산업 전사라는 말로 표현됐던 일본의 경제를 끌고 갔던 샐러리맨들의 희생 결과로 지금의 일본이 존재합니다.

전쟁의 폐허에서 일본의 재건을 위해 가정을 희생하고 개인까지도 희생했던 그들의 노고위에 경제 대국 일본이 탄생하였습니다.

그 산업 전사들의 전통이 많이 퇴색되어 가고 있지만 지금도 일본의 회사원들은 직장을 먼저 생각하고 가정과 자기 일을 뒤로 미루곤 합니다.

전쟁을 모르는 세대 특히 풍족한 일본에서 자라난 세대들에게 있어서는 그런 아버지 세대와 넘어설 수 없는 장벽이 존재합니다.

드라마 아버지와 딸의 7일간은 어느새 보이지 않는 장벽으로 멀어져 버린 아버지와 딸의 관계가 회복되어 가는 과정을 그리고 있습니다.

회사원이란 직분이 학생이란 신분 속에 보호되고 누리는 것도 많지만 서로가 짊어져야 하는 책임과 부담을 깨달아가면서 조금씩 서로를 이해해가고 고충을 알아가는 과정이 코믹하게 그려져 있습니다. 상대방을 이해하려고 서로 노력한다면 우리를 둘러싼 인간관계가 많이 좋아질 것 같습니다.

스프라우트

공립 학교에 입학하기 위해서는 별도로 시험이 필요하지 않지만, 더욱 좋은 학교에 입학하기 위해서는 아직도 일본에서는 시험을 치릅니다.

그러기에 학생들이 수험 준비하는 바쁜 학창 시절에 과연 연애할 수 있는 정신적 여유가 있는지 궁금해집니다.

감동적인 드라마며 아름다운 사랑 이야기를 즐겨 보고 있지만 별로 마음 놓고 볼 수 있는 드라마를 찾기 어렵습니다.

재미있는 드라마를 찾다가 우연히 보게 된 드라마 스프라우트도 고교생들의 사랑 이야기를 그렸습니다.

그렇지만 10대라는 연령대를 잊게 하는 성숙한 사랑의 모습을 그리고 있습니다.

자신만을 만족시키는 사랑이 아닌 진정 성숙한 사랑은 사랑하는 사람의 행복을 원하는 사랑입니다.

그런 사랑은 가끔 아픔을 동반할 수도 있지만 그런 사랑을 통해 사람들은 정신적으로도 성숙하여 가겠지요?

피스(piece)

워낙 드라마를 좋아해서 자주 일본 드라마를 보고 있습니다.
그런데 대부분 드라마가 잔인한 장면이 많이 등장하는 수사 드라마며 추리물 등이 많습니다.
폭력 장면이며 피가 난무하는 장면은 보면서도 별로 기분이 좋지 않기에 별로 보지를 않습니다.
그렇기에 많은 드라마가 제작되어도 이것저것을 가리다 보면 참 감상할 만한 드라마를 찾기가 어렵습니다.
볼만한 드라마를 찾다가 우연히 보게 된 드라마가 피스입니다. 퍼즐의 조각이라는 뜻인 것 같습니다.
삽입된 음악도 듣고 있으면 왠지 신기한 세계로 빠져들게 하는 느낌입니다.
동급생의 죽음을 계기로 오래간만에 모인 친구들과의 재회 그리고 동급생의 어머니 부탁으로 시작된 퍼즐 맞추기는 매회 더욱더 흥미진진하게 전개됩니다.
원작 만화가 있기에 더욱더 드라마가 짜임새 있게 진행되는 것 같습니다.
서로가 서로에게 다가가고 싶지만, 자신을 잘 표현할 수 없어 오해가 생기고 상처받기 싫다는 자기방어로 벽을 쌓아놓고 사는 사람들의 모습은 현재의 일본 사람들을 잘 표현한 것도 같습니다. 한국 정서로는 이해하기 어려운 일본 사람들의 인간관계를 다시 한번 생각해 봅니다.

가장 친밀하고 서로의 아픔과 고통을 공유해야 할 부모와 자식과 메워지지 않은 벽을 사이에 둔 관계는 참으로 이해하기 힘듭니다.

가족에게도 자신의 속내를 드러내지 못하는 인간관계는 얼마나 외로울까 하는 생각입니다.

어렸을 때부터 너무나 자신의 감정이나 생각을 꽁꽁 감추고 주위 사람들을 의식하며 살아온 탓인지 이제는 자신의 진짜 감정이 무엇인지조차 깨닫지 못하는 사람들도 있는 것 같습니다.

일본에서 생활할 때마다 이상하게도 참으로 외롭다는 생각을 많이 했습니다.

가족과 같이 있어도 혼자 있어도 가끔 머릿속을 스쳐 지나가는 너무나 쓸쓸하고 외로운 감정에 놀라곤 했습니다.

어쩌면 그런 감정이 일본인들이 자신도 모르게 발산하고 있는 외로움이란 감정을 영적으로 느낀 탓인지도 모르겠다는 생각을 합니다.

채워지지 않는 마음의 구멍, 서로를 막고 있는 인간관계의 벽이 발하는 호소인지도 모릅니다.

가족 팔경

추리 드라마를 즐겨 제작하는 일본에서는 전문적인 형사뿐만 아니라 탐정, 흥신소, 어떤 때는 가정부까지도 수사 드라마와 같은 추리를 하는 드라마가 나옵니다.

70억(?)이 넘는 사람들의 얼굴과 지문 등이 다르듯이 가족을 이루고 사는 가정마다 특유한 삶의 모습이 있습니다.

가족 팔경이라는 드라마는 가정부라는 직업을 가지고 찾아가는 가정에서 들여다보는 가족이란 이름으로 모인 사람들의 삶의 이야기를 그리고 있어 참 흥미롭습니다.

처음 만나서 의기투합한 사람을 쉽게 집안으로 불러서 같이 이야기를 나눌 수 있는 한국 문화와는 달리 일본에서는 몇십 년을 이웃에 살아도 쉽게 그 집 문턱을 넘기가 힘듭니다. 입주 가정부 특히 사람의 마음을 읽을 수 있다는 설정으로 전개되는 드라마를 보면서 감정을 거의 드러내지 않고 겉과 속이 다르다는 일본인들의 꺾인 마음을, 거짓되고 위선에 가득 찬 이중적인 삶의 모습을 볼 수가 있습니다.

이름 없는 독

컴퓨터가 발명되고 인터넷으로 전 세계가 연결되고 이제는 대중화된 스마트폰을 즐기는 세상이 되었습니다.

예전에는 10년 주기로 산천은 바뀌어 간다고 했지만, 너무나 빨리 변화되어 가는 세상은 몇 달 주기로 신상품의 모델이 선을 보입니다.

하나의 문명의 이기가 발달하면 그만큼 부가적으로 새로운 범죄가 증가한다고 합니다.

문명의 속도를 따라잡을 수 없을 정도로 세상은 편리해져 가고 있습니다.

그렇지만 놀랍게도 발전되어 가는 세상이 사람들을 꼭 행복하게 해주지는 않는 것 같습니다.

예전부터 사람들의 마음속에는 끊임없이 충돌하는 선과 악의 싸움이 있었습니다.

그러나 많은 사람이 그 힘든 싸움을 지성이나 이성 그리고 양심의 저울로 제어해 갔습니다.

그런데 지금 우리는 악에 대해서 점점 무디어져 가고 있는 느낌입니다.

날마다 텔레비전이나 신문 지상을 장식하는 뉴스는 상상할 수 없는 수위의 내용도 있습니다.

평범한 사람들이라고 불리는 사람들에게까지 널리

퍼져버린 인간의 내면에 숨어있는 보이지 않는 악의를 보며 소름이 끼치고 있습니다.

즐겨 찾는 카페에서 본 일본 드라마 이름 없는 독은 이런저런 사건 속에 드러나는 인간의 보이지 않는 독, 이름을 붙일 수 없는 독에 관한 이야기를 다루고 있습니다.

사람들이 풍겨대는 독이 결국 주위의 사람들을 상처 주고 파괴한다고 전합니다.

미우라 아야꼬의 자서전에도 인간의 악의에 찬 말이 얼마나 사람을 상처 주고 파괴하는지에 대해 적고 있습니다.

도둑이 들어와 귀중품이나 돈을 훔쳐가도 그것은 사람을 파괴할 만큼 죽음에 몰고 갈 만큼의 파괴력은 거의 없다고 합니다.

그러나 악의에 찬 말이 조소와 비방이 시기와 질투가 사람을 죽음으로 몰고 갑니다.

너무나 상냥하게 보여주는 친절함 뒤에 숨겨진 어두운 그늘과 악의를 깨닫게 되었을 때 삶에 대한 회의까지 느낀 적이 있습니다.

특히나 마음을 열지 않고 자신을 포장하고 사는 일본 사회에서 살아간다는 것은 어쩌면 접하는 사람마다 그 진의를 여러 번 확인하고 되새기며 살아가야 하는지도 모릅니다.

닥터 X-외과의 다이몬 미치코

피를 보고 사람의 생명을 좌지우지하는 수술을 해야 하는 일은 보람도 있지만 스트레스며 때로는 환자를 구하지 못한 죄책감도 클 것 같습니다.
경제 구조가 바뀌어 가면서 계약직이라는 것이 정착되었습니다.
이 드라마에서처럼 의사도 프리랜서가 있는 것인지 궁금합니다.
전문의 자격증과 경험과 기술로 쌓은 실력으로 대결하는 여의사의 모습은 매회 보는 사람의 마음을 통쾌하게 합니다.
사소한 하나하나까지 예리한 눈으로 관찰하여 대처하는 그녀의 모습은 실력자의 모습은 과연 이런 것이구나 하는 생각을 하게 합니다.
어쩔 수 없이 병원 신세를 져야 한다면 직위며 명함을 따질 게 아니라 정말로 따뜻한 마음과 고도의 실력을 갖춘 의사를 만나고 싶습니다.
돈으로 계산되는 관계가 아닌 한 사람의 인격체로 남는 관계를 원하지만 그것은 약자의 입장인 환자의 바람으로 끝나겠지요?

백마 탄 왕자님

인터넷의 유튜브 중독이 되어 있던 참에 오랜만에 재미있게 본 드라마가 백마 탄 왕자님이라는 드라마입니다. 여자아이들이 어렸을 때부터 읽게 되는 동화의 폐해인지 모르지만, 결혼이나 연애를 꿈꾸게 되는 나이의 미혼 여성은 은연중에 백마 탄 왕자님을 기다리게 됩니다.

왜 흑마를 탄 왕자님은 아닌지 모르겠지만 백마를 탄 왕자를 기다리다 자신의 모습을 깨닫게 되고 출산 나이 등을 신경 쓰면서 현실과 타협을 하게 됩니다.

가슴을 두근거리게 하는 사랑이 아닌 머리로 계산하는 사랑을 택해 안주하는 삶을 살게 되는 여성들은 그런 선택의 결과인지 삶에서 주춤거리게 하는 사건이 생길 때마다 자신의 선택에 의혹을 품게 됩니다.

그런 삶에서 탈피하고자 했던 한 여성의 모습을 그린 이 드라마는 백마 탄 왕자를 기다리는 게 아니라 자신이 그런 상대를 찾는 삶이었습니다.

가슴을 뛰게 하는 사람을 만나게 될 때 문제에 주저앉거나 포기하지 않고 최선을 다하는 삶이었습니다.

한자와 나오키

일본을 지탱하고 있는 보이지 않는 힘은 중소기업이 가지고 있는 산업의 기반이 되는 원자재의 기술과 품질입니다. 그게 세계적으로 인정을 받고 신뢰를 얻고 있습니다.

대기업도 그런 길을 걸어왔겠지만, 영세 중소기업은 언제나 자금문제로 고민하게 됩니다.

이 드라마에서는 중소기업의 자금문제와 그 돈줄을 쥐고 있는 은행간에 벌어지는 갈등과 문제가 한 은행원을 중심으로 그려집니다.

한 은행원의 눈에 비친 은행의 근본적인 구조 문제와 실태가 보고 있는 사람까지 의분을 느끼게 하고 도전을 주게 하는 드라마입니다.

거대한 조직과 힘을 가지고 정의와는 등을 진 사람들을 상대로 벌이는 주인공의 분투를 보며 사람들은 대리 만족을 얻게 됩니다.

매회 등장하는 가슴을 울리는 명대사가 기억 속에 깊이 남아 있습니다. 화창한 날씨에 우산을 빌려주고 비 오는 날에 회수해가는 은행, 부하의 공적은 상사의 것, 상사의 실수는 부하의 것, 드물게는 정의도 이긴다는 명언이 오래도록 기억에 남아 있습니다.

바티스타 수술팀의 영광

인기가 있었던 드라마인지 시리즈가 4편까지 나와 있습니다.

미즈타니 유타카라는 가수 출신 배우가 출연하는 파트너라는 수사 드라마가 계속 시리즈로 만들어졌는데 의료 드라마도 이렇게 계속 제작되는 게 흥미롭습니다.

살아가면서 누구나 피치 못하게 신세를 져야 하는 게 병원입니다.

평생 한 번도 큰 수술을 받지 않고 건강하게 이세상을 떠나는 경우는 참으로 행복한 삶일 것입니다. 그렇지만 물질문명이 발달하고 의료 기술이 발달한 지금도 여전히 원인을 알 수 없는 병에 걸려 고통을 당하는 사람들이 생겨나고 있습니다.

불치병이나 난치병으로 불리는 병들은 시대에 따라 변해 갑니다.

예전의 의학 기술로는 고칠 수 없었던 병들이 신약의 발견이나 새로운 치료법에 따라 극복돼 갑니다.

이제는 폐결핵이나 암도 발견 시기에 따라 치료할 수 있는 병이 되었습니다.

운 좋게 신약이나 새로운 치료법 덕분에 목숨을

건진 사람들이 있는가 하면 안타깝게도 그 시기를 놓쳐버린 더 많은 사람도 있습니다.

지금 이 순간에도 병원으로 발걸음을 옮기는 많은 사람은 단 한 번뿐인 인생을 단 하나의 목숨을 의사들에게 맡깁니다.

수술을 받아야 하는 경우 수술실을 들어가 그곳을 나올 때까지 누구도 그 결과를 예측할 수는 없습니다.

아무리 간단한 수술이라도 항상 위험은 따르기 때문입니다.

대단한 기술과 실력을 갖춘 의사라 할지라도 인간은 실수할 수 있는 존재이기 때문입니다.

천재 의사로 불린 의사와 그를 돕는 수술팀에 관한 비밀과 그 은폐된 비밀 때문에 일어난 살인 사건은 긴박감과 함께 지루할 틈을 주지 않는 전개였습니다.

내가 꼭 해야 한다는 오만과 자부심 또 다른 사람들의 이런저런 이해관계와 생각 속에 이 드라마는 매회 참 흥미진진했습니다.

연애 극적인 요소가 전혀 없는데도 즐겁게 본 드라마입니다. 병원 순례가 길어지고 있기에 아무리 의사와 병원이 치료를 한다 해도 그 손길을 이끄시고 치료하시는 분은 하나님이시기에 하나님의 은혜와 보호하심이 절실히 필요합니다.

별의 금화

다케노우치 유타카라는 목소리가 좋은 남자 배우
도 출연하여 재미있게 보았습니다.

청각 장애인 역으로 출연하기에 수화하는 장면이
꽤 많은 데 그 많은 대사를 수화로 소화해 낸 여
주인공도 대단합니다.

여러 가지 사랑의 형태와 함께 불륜과 음모 등 자
극적인 요소가 많이 포함되어 있습니다.

드라마에는 별의 금화라는 책 내용이 자주 등장합
니다.

자신이 가진 모든 것을 다 주고 별이 된 소녀의
이야기는 결국, 비극적인 요소를 상상하게 합니다.

이 지구상에는 수많은 사연과 과정을 통해 부부로
맺어진 사람들이 있습니다.

그러나 너무나 사랑했지만, 그들을 가로막았던 장
애와 벽 때문에 가슴 아픈 이별을 한 사람들도 있
을 것입니다. 장애인이기에 버려진 아이였기에 내
세울 배경이 없기에 자신을 갖지 못하는 여주인공
은 결국, 사랑하는 상대방을 위해 자신을 희생하
는 인생을 선택합니다. 갈수록 이기적으로 변해
가는 세상에 이런 사랑을 선택할 수 있는 사람은
과연 얼마나 될까요?

작은 운전사의 마지막 꿈

우리는 일상의 변화 없는 생활을 너무나 당연하게 때로는 불만족스럽게 받아들이며 살아갑니다.
그러나 그런 소소한 삶조차도 허락되지 않는 사람들에게 그런 삶의 순간은 어쩌면 너무나 부러운 시간일지도 모릅니다.
심장병을 앓는 엄마와 목숨을 걸고 낳았던 아이가 같은 병을 앓게 되는 비극을 지켜보아야 했던 아버지가 있습니다.
그 가족들의 삶의 이야기는 보는 사람의 가슴을 참 아프게 했습니다.
뱃속의 엄마와 같이 처음 타본 전철을 자라면서 자주 이용했던 아이는 그런 지역 전철을 정말 좋아했습니다.
전철 노선 시각이며 전철에 관한 이야기에 해박했던 전차 박사라고 불렸던 그 소년은 그렇지만 어른으로 성장하지 못하고 이 세상을 떠났습니다.
일본의 대중교통 수단으로 큰 역할을 담당하고 있는 지역 철도를 배경으로 제작된 이 드라마는 사람들의 눈물샘을 자극하기에 충분한 가족의 슬픈 사랑 이야기입니다.

템페스트

날씨가 풀려 인생의 찬가를 불렀더니 다시 옷깃을
파고드는 찬바람이 겨울로 되돌아간 느낌입니다.
설교 준비를 준비해야 하는 데라는 생각을 하면서
도 결국 손을 대지 못하고 얼마 전부터 보고 있는
일본 드라마 템페스트를 보며 시간을 보내고 있습
니다.
남장 여인이라는 소재는 특이하고 흥미로운지 자
주 드라마에 등장합니다.
미남이시네요, 성균관 스캔들, 일본 드라마의 아름
다운 그대에게를 보았습니다.
템페스트라는 일본 드라마는 사극입니다.
사극은 별로 좋아하지 않지만 1편을 보고 흥미를
느껴 결국 마지막 회까지 보게 되었습니다.
지금도 그렇지만 여자로서 태어났다는 이유로 당
하는 차별과 편견은 참 견디기 힘들 때가 있습니
다.
오키나와가 일본에 부속되기 전의 마지막 왕조를
무대로 펼쳐지는 한 남장 여인의 이야기는 때로는
눈물을 자아내게도 하고 때로는 그 지혜로운 판단
과 행동이 박수를 보내기도 했습니다.

보더

동경 독스라는 드라마에서 처음으로 오구리 슌이라는 탤런트를 알게 되었습니다.
그가 주연하는 특이한 드라마를 접하게 되어 흥미롭게 보고 있습니다. 보더라는 일본 드라마입니다. 경계라는 뜻으로 번역될 영어 제목입니다.
죽은 사람을 볼 수 있고 대화를 나눌 수 있게 된 형사가 사건을 해결해 나가는 내용입니다.
고스트 위스퍼러라든가 다른 이런저런 사자와 접촉할 수 있는 사람들의 드라마가 있습니다.
죽음 뒤의 세계를 알지 못하기에 사람들은 끊임없이 죽음 뒤의 세계를 알고자 합니다.
사자와의 대화를 꿈꾸기도 합니다.
그렇기에 사람들은 그토록 점집이며 무당 등을 찾는지도 모릅니다.
지금 이 순간에도 미궁 속에 빠져버린 수많은 사건이 있습니다. 그 피해자들이 이 드라마처럼 진실을 이야기할 수만 있다면 얼마나 좋을까요?
그러나 여전히 수수께끼는 남아 있고 사람들은 자신의 경험과 지식으로 그것을 판단해야 합니다.
두 번 다시 볼 수 없는 사람들의 안부를 사람들은 알고자 합니다.

하나자키 마이가 잠자코 있지 않아

은행을 배경으로 한 드라마 한자와 나오키를 재미있게 본 기억이 납니다. 갑자기 더워진 날씨에 도서관에 다녀와서 보게 된 드라마가 있습니다.

여자판 한자와 나오키라고 할 수 있는 드라마입니다.

접수창구의 은행여직원이었던 여주인공이 이동되어 시작한 일은 문제 있는 은행 지점에 파견되어 사건 조사를 하는 일의 보조 역할이었습니다.

그런데 잘못된 일을 그냥 보고 지내지 못하는 성격 탓으로 벌이게 되는 여러 가지 재미있는 사건들이 참 재미있습니다. 시청률을 높이기 위해 신분 상승에 관한 드라마를 통해 간접 광고를 하기 위해 모든 드라마마다 회장이나 재벌집이며 외제차가 등장하고 호화판 가구가 등장하는 한국 드라마를 보다가 현실성 있는 일본 드라마를 보면 조금은 안심이 됩니다.

일개 말단 여직원을 통해 현실을 예리하게 지적하고 통쾌하고 신랄하게 쏟아붓는 현실 비판이 가슴을 시원하게 합니다. 그렇지만 이런 드라마의 설정은 영원히 드라마 속의 세계로 끝나겠지요?

사랑

사랑이라는 드라마는 조금은 특이한 사랑 이야기
입니다.

슬픈 비극을 담고 만나게 된 두 연인을 지키기 위
해 자신의 인생을 희생하면서까지 사랑한 한 여인
의 이야기입니다.

사랑에는 여러 가지 패턴의 사랑이 존재합니다.

그렇지만 진정한 사랑은 상대방의 행복을 절실히
바라는 모습으로 나타납니다.

차알스 디킨스의 소설을 즐겨 보았지만, 그가 쓴
많은 소설 중에 두 도시 이야기라는 책에서도 비
슷한 설정의 내용이 있었던 것 같습니다.

사랑하면 완전히 소유해야 하고 자신의 것으로 만
들고 싶어 합니다.

그러나 정녕 사랑하는 사람을 위해 자신의 행복까
지도 버릴 수 있는 사랑은 점점 더 이기적으로 변
해 가는 이 세상에 별로 발견할 수 없는 사랑의
형태입니다.

많은 사랑이 존재하지만, 부디 이런 아픈 사랑을
경험하고 싶지는 않습니다.

역시 평범하고 편한 사랑을 하고 싶습니다.

동경만경

오래전 재미있는 일본 드라마를 찾다가 흥미를 느껴 한참 검색을 했던 드라마가 있습니다.
동경만경이라는 제목의 드라마입니다.
그 드라마를 우연히 보게 되어 많은 생각을 하고 있습니다.
일본 드라마로서는 특이하게 재일 한국인을 주연으로 등장시키고 있습니다.
일본인 남성과의 사랑으로 갈등을 겪는 한국인 어머니와 딸에 걸친 2세대의 사랑 이야기입니다.
일본 남성과 사랑에 빠졌지만 결국 슬프게 헤어진 어머니와 부모의 반대로 사랑하는 사람도 헤어지는 딸을 통해 국적과 문화가 다른 두 사람의 사랑을 통해 한일 관계까지 그리고 있습니다.
아무리 일본에서 오래 살아도 한국 문화와 한국 식습관을 지키며 한국적 사고방식으로 살아온 1세대에게 있어서 일본인과의 결혼이나 연애는 많은 경우 반대를 하게 되는 모양입니다.
그렇지만 세월이 흐르면서 이제는 많은 사람이 귀화하거나 일본인과의 결혼도 용인하는 부모들이 늘어나고 있는 느낌입니다.
일본에서 태어나 일본의 문화와 언어를 익히고 살

아온 국적만이 한국인인 재일 교포 2, 3세들은 참 힘든 삶의 연속이라 여겨집니다.

얼마 전에도 재일 교포 2세와의 이야기 속에서 한류 붐을 통해 배용준 씨에게 감사하고 싶다는 말과 함께 자신들이 얼마나 힘든 차별과 멸시 속에 살아왔는지를 흥분된 목소리로 적나라하게 말했습니다.

한국에 오면 반쪽발이라는 경멸 어린 말로 한국어도 못하는 한국인으로서, 일본에서는 조센징이라는 욕을 들으며 살아온 그들에게 있어서 현재의 한류 붐이 조금은 위로가 되고 있다고 합니다.

일본에서 태어나 일본어를 사용하고 일본에서 교육을 받고 자라나는 재일 교포들은 더욱더 정체성 문제로 혼란을 느끼겠지만 이제는 한국에서 살아온 시간과 일본에서 살아온 시간이 점점 더 가까워지고 있는 내게도 정체성의 혼란을 느낄 때가 있습니다.

일본에서도 한국에서도 나는 어디에 속하고 있느냐는 생각을 합니다.

어디에도 내가 속한 곳은 없는 두 세계를 떠도는 떠돌이와 같은 느낌입니다.

한국어도 일본어도 어중간해지고 가끔 한국어가 떠오르지 않을 때가 있습니다.

꺾이지 않는 여자

칸노 미호라는 여자 탤런트가 나오는 드라마로 그녀가 출연한 드라마는 대부분 재미있습니다.

변호사가 되겠다는 일념으로 10년 가까운 세월을 매일매일 학습 계획을 세우고 실천해 가는 그녀의 모습은 정말로 성공하기 위해 뼈를 깎는 삶을 사는 사람들이 있다는 것을 깨닫게 되는 순간입니다.

현실에 타협하지 않고 자신의 가치관과 생각을 꿋꿋이 지키고 살아가는 그녀의 삶에 공감하면서 박수를 보내고 싶은 마음입니다.

한 아이의 목숨을 구하고 죽어간 아버지와 죽음의 병상 위에서도 자신이 가르치는 학생들을 생각할 정도로 자신의 직업에 충실했던 어머니의 뒷모습을 보고 그녀는 자랐습니다.

엄격하게 절제된 생활과 갖춘 실력으로 너무나 빈틈이 없기에 느슨하고 적당히 살아가는 사람에게는 받아들여지기 어렵지만 힘들지라도 절대로 어떤 유혹과 조소에도 굴하지 않습니다.

변호사라는 꿈이 단지 자신의 성공과 영달이 아니기에 그녀의 꿈은 순수하게 응원하고 싶어집니다.

나의 여동생

한 사람이 이 세상에 태어나 죽음을 맞는 순간까지 우리는 얼마나 많은 사람과 만나서 인연을 맺어 갈까요?

스쳐 지나가는 만남으로부터 개중에는 목숨을 바칠 정도의 사랑을 경험하는 행복한 사람들도 있습니다.

많은 인간관계 중에서 부모와 자식, 그리고 형제나 자매로 맺어져 어린 시절을 같이 보낸 경험은 어쩌면 죽을 때까지 이어지는 귀한 관계인지도 모르겠습니다.

화목했던 가정의 형제들은 많은 행복한 기억이 남아 있습니다.

그런데 친했던 형제가 결혼하며 배우자라는 제삼자가 끼어들면서 어느샌가 그 관계가 멀어지기도 합니다.

각자의 가족을 만들어 가면서 그 유대 관계가 조금씩 옅어져 가는 것이 슬퍼집니다.

상품에 유통 기한이 있듯이 어쩌면 인간관계에도 유통 기간이 있어 각자의 삶 속에서 의도치 않게 소멸하여버리기도 합니다.

일본 드라마 나의 여동생을 재미있게 보았습니다.

어렸을 적에 부모를 여의고 단둘이 남아 서로를 의지하며 살아가는 두 남매의 이야기는 형제가 없는 사람에게는 공감하기 어렵겠지만 형제들과 때로는 부딪치기도 하면서 사랑을 키워간 사람들에게는 그들의 모습에서 과거를 돌아볼지도 모르겠습니다.

아버지 대신이라는 책임감과 함께 여동생이 행복할 수만 있다면 누구와의 결혼도 반대하지 않겠다는 오빠의 고백 속에 진한 사랑을 깨닫습니다.

언제나 조금은 위험하게 보이는 자유분방한 사랑을 하는 여동생에게 언제든 힘들 때면 돌아오라며 오빠는 말합니다.

말썽 많은 여동생에게 골치를 앓으면서도 변함없이 사랑으로 감싸며 오빠와 여동생의 모습에 내 기억 속에는 사이가 좋았던 우리 형제들을 회상해보고 있습니다.

자식들을 키워나가고 자신의 삶에 바쁘다 보니 형제간이라 해도 일 년에 한 번도 얼굴을 마주 보지 못 하고 전화 통화도 하지 않고 지내는 세월이 흘러가고 있습니다.

무소식이 희소식이라는 말도 하지만 사랑하는 사람과는 더욱더 연락을 주고받고 사랑을 흘려보내길 바라는 마음입니다.

멋진 선 택시(TAXI)

별의 금화라는 드라마에서 다케노우지 유타카라는 남자 탤런트를 알게 되었습니다.

연기도 잘하지만, 목소리도 좋습니다.

얼마 전 그가 출연한 [멋진 선TAXI]라는 드라마를 보게 되었습니다.

시간을 달리는 소녀라든지 프러포즈 대작전이라는 드라마 등 시간 여행을 소재로 한 영화나 드라마가 참 많이 있습니다.

과거의 어떤 시점으로 돌아가서 미래를 바꿀 수 있다면 얼마나 좋을까요?

한 번뿐인 인생을 걸어가고 인간은 완전한 존재가 아니기에 우리는 삶 속에서 돌이킬 수 없는 잘못된 선택을 하기도 하고 씻을 수 없는 오점을 남기기도 합니다.

우리 인생에도 오락 게임처럼 리셋 단추가 있다면 완전히 새로운 삶을 살 수도 있지 않겠냐는 생각을 합니다. 그런 상상 끝에 참으로 많은 작품이 등장하였습니다.

이 드라마는 시간을 되돌릴 수 있는 택시를 소재로 매회 다른 승객들이 등장하여 시간 여행을 통해 미래를 바꾸어 갑니다.

불륜 남녀며 부모의 반대 때문에 도망을 치는 젊은이이며 인기 없는 삼류 연기자 등 이런저런 삶을 사는 사람들이 등장하여 이야기를 만들어 갑니다.

몇 번이나 시간을 되돌려 가며 가장 좋은 선택을 하기 위해 고심하는 그들을 보며 잠에서 깨어나 다시 잠자리에 들기까지 우리가 의식하지도 못하고 하는 수많은 선택을 헤아려 봅니다.

지금의 내 모습은 내가 한 과거의 선택 결과이겠지요?

그리고 오늘의 선택이 미래의 나를 만들어 가겠지요?

귀찮기에 성가스러워서 게을러서 나중에 하지라는 생각 속에 우리는 해야 할 필요가 있는 선택으로부터 도망치고 있지는 않은지 나 자신을 돌아봅니다.

누군가는 그런 유혹으로부터 자신을 다잡으며 더 나은 미래를 바라보며 또 다른 선택을 하고 있겠지요?

우리에게는 잘못된 선택으로 파생되는 후회를 되잡을 수 있는 시간 여행이 가능한 택시가 없기에 순간순간을 가장 좋은 선택을 하며 살아야 할 것입니다. 그 선택의 결과에 울고 웃게 되는 것은 바로 우리 자신이기에….

경부보 스기야마 신타로

추리 드라마를 좋아해서 일본어도 배울 겸 즐겨 형사 드라마를 보는 선교사님이 있습니다.

형사들이 사용하는 용어를 많이 들어도 별로 일상 생활에서 활용할 기회가 있겠느냐는 생각도 해 보지만 좋아하는 드라마를 보며 자신도 즐기면서 외국어를 습득해 간다는 것은 좋은 일인 것 같습니다.

새로 시작되는 일본 드라마를 볼 기회가 있어 보기 시작한 것이 경부보 스기야마 신타로입니다.

화상도가 높아져 가면서 형사 드라마나 추리 드라마의 끔찍한 장면이나 붉은 피가 너무나 선명하게 비취기에 의학 드라마며 형사 드라마를 거의 보지 않습니다.

그런데 이 드라마 첫 회를 보면서 흥미를 느끼게 되었습니다.

세 아이를 가진 형사가 자신의 직업을 병행하기 위해 희생했던 가족과의 시간을 만회하기 위해 애쓰는 모습이 안타까웠습니다.

일본의 많은 드라마와 영화가 산업 전선에서 뛰는 아버지들의 모습을 그리고 있습니다.

가족들과의 골이 깊어져 가면서도 가정을 위한다

는 생각으로 자신의 직장에 자신에게 주어진 일에 청춘과 희생을 바칩니다.

그러나 대부분 그 희생이 별로 가족들에게 받아들여지지는 않습니다.

대화가 통하지 않게 된 자식들과 황혼 이혼을 기다리는 아내가 있습니다.

경부보 스기야마 신타로는 과연 어떻게 드라마를 풀어갈지 기대가 됩니다.

어린아이답지 않은 딸의 아버지에 대한 불신이 어떻게 바뀔지 드라마의 전개를 기다리고 있습니다.

세상이 발달하여가면서 점점 더 악도 그 강도가 심해져 가고 있습니다.

그런 범죄자들과 대치하며 매일매일 살아가야 하는 경찰과 형사들의 삶은 일반인들로서는 거의 상상이 되지 않습니다.

그렇지만 때로는 위험한 상황에서 목숨을 잃을 수도 있습니다.

보이지 않는 곳에서 임무를 감당하는 그들의 수고로 하루하루 우리는 평안한 가운데 일상을 보낼 수 있음에 감사를 드립니다.

그들도 가정에서는 누군가의 좋은 아버지와 남편으로서 살아가겠지요?

매일 매일 아버지의 안부를 남편의 귀가를 기다리는 가족들이 있겠지요?

사랑하는 사이

새로 시작한 드라마 중 흥미를 느낀 드라마가 있어 오래간만에 일본 드라마를 보게 되었습니다.
보다가 도중에 그만둔 일본 드라마가 많았는데 다음 회를 기다리며 오래간만에 처음부터 끝까지 다 보았습니다.
일본 드라마는 보통 11회까지 있는데 이 드라마는 9회로 끝이 났습니다.
방송시간에 맞춰 녹화해 놓은 것을 다음날 선전을 빨리 감기 하며 보았습니다.
매년 일본 텔레비전 방송국에서는 여름을 배경으로 하는 연애 드라마를 방영합니다.
여름 하면 떠오르는 불꽃놀이가 빠짐없이 등장하고 아름다운 해변도 분위기를 조성합니다.
유카타를 입은 연인들이 밤하늘에 펼쳐졌다가 순식간에 사라지는 불꽃놀이를 바라보며 사랑을 속삭입니다.
"사랑하는 사이"라고 번역된 일본 드라마도 여느 때와 다름없는 소재와 이야기 전개로 첫사랑과 삼각관계 그리고 오해와 갈등이 잔잔하게 그려진 드라마였습니다.
너무나 자극적이고 선정적인 내용에 익숙해진 한

국 사람들에게는 거의 반전이 없어 전개되는 이야기가 심심하게 느껴질지도 모르겠습니다.

드라마에서 그려지는 오해의 발단이 된 편지 사건을 보며 오래전 읽었던 일본 소설 "인간의 조건"을 떠올렸습니다.

전달되지 않았던 한 통의 편지로 인해 사랑하는 아내와의 재회를 못 하고 죽어가야 했던 남자 주인공 가지의 모습이 아프게 겹쳐졌습니다.

전달되지 못한 편지, 고백하지 못한 사랑, 표현하지 못한 마음 때문에 가슴 아파하는 사람들이 있습니다.

다행히도 그 오해가 풀어질 기회를 얻은 사람은 참으로 행복한 사람입니다.

그리고 사랑을 고백할 시간을 다시 갖게 된 사람은 두 번 다시 그 기회를 헛되이 보내지 않겠지요?

자존심 때문에 자신감 부족으로 때로는 알고 있으리라는 단순한 짐작으로 사람들은 자신의 마음을 가슴속에 묻어두곤 합니다.

언제든지 전달할 수 있다는 안심감 때문에 미루기도 합니다.

그러나 우리에게 있어서 미래는 언제나 불확실한 시간이기에 현재의 이 시간을 후회하지 않게 보낼 수 있게 되길 바라는 마음입니다.

나를 사랑한 스님

일본 드라마를 통 보지 않고 있다가 요즘 흥미를 갖고 보고 있는 일본 드라마가 있습니다.

"나를 사랑한 스님"이라는 연애 드라마입니다.

야마시타 도모히사라는 미남 탤런트가 절의 스님으로 출연합니다.

가장 현대적이라는 영어 학원의 여선생과 고색창연한 절에서 살아온 젊은 스님의 이야기는 화려한 절 건물과 가사 등이 볼거리를 제공합니다.

원작 만화를 드라마화했는데 스토커라고 불릴 만한 남자 주인공의 행동이 미남 출연 배우의 기용으로 용서가 되는 느낌입니다.

한눈에 반하게 된 여자를 집요하게 쫓아다니며 이런저런 행동으로 자신의 사랑을 강요하는 행동은 영락없이 스토커 행동입니다.

남자와 여자가 사는 세상에서 절대로 사라지지 않는 연애 이야기는 짝사랑과 삼각관계 때로는 사각관계 등등 여러 가지 형태로 나타납니다.

집요한 짝사랑이 자신의 욕심을 채우기 위해 자칫하면 상대방을 괴롭히면서까지도 자신의 것으로 만들거나 잘못된 형태로 나타날 때도 있습니다.

서로 사랑함으로써 그 사랑은 행복합니다.

수단과 방법을 가리지 않고 좋아하는 사람을 소유
할 수는 있습니다.

그러나 몸만을 소유한 사랑은 얼마나 허무할까 하
는 생각도 듭니다.

마음이 따르지 않은 사랑은 인간은 영적인 존재이
기에 반드시 느낍니다.

사랑의 사도로 불린 사도 요한은 하나님은 사랑이
시다는 말을 자주 기록하고 있습니다.

하나님이 사랑의 본체이기에 그 하나님의 형상을
따라 지음 받은 우리 인간도 언제나 사랑에 목말
라하고 사랑을 하므로 삶의 의미를 발견할 수가
있습니다.

사랑할 때 이 세상은 장밋빛 빛깔과 사람을 행복
에 취하게 합니다.

사람들과의 사랑 속에서도 기적과 같은 일들이 일
어납니다.

그러나 인간의 사랑은 상황과 여건 그리고 감정의
변화로 언제든지 변할 수 있습니다.

그렇기에 사람들은 영원히 변하지 않는 사랑을 동
경하게 됩니다.

그러나 슬프게도 우리의 삶에서 영원한 것은 어디
에도 없습니다.

그러기에 사람들은 끊임없이 무언가로 그 공허를
채우려고 합니다.

사랑의 힘

텔레비전이 있어도 선택의 폭이 별로 없었던 옛날에는 생각지도 못했던 고민을 하는 나날입니다.
기나긴 밤 어머니의 옛날이야기로 잠을 청했던 시절이 한국에도 있었습니다.
즐길 놀이와 문화가 없었기에 재미있는 이야기가 너무나 구수하게 느껴졌던 시절이었습니다.
그러나 지금은 지상파, 위성 방송, 케이블이며 인터넷을 통한 전 세계 방송국에서 만들어 내는 즐길 거리가 우리를 유혹합니다.
몇십 년을 봐도 다 볼 수 없는 자료를 내려받아 놓았지만 그것을 볼 수 없는 시간이 없음에 안타까워했던 지인의 말이 떠오릅니다.
백화점의 진열대에 올려진 선택을 기다리는 상품이 너무 많기에 고를 수가 없다는 사람의 고민이 떠오릅니다.
단순한 삶이었기에 더 깊이 있게 느낄 수 있었던 것들이 차고 넘치기에 어쩌면 더 진하게 느낄 수 없는 세상이 되어가고 있는지도 모르겠습니다.
텔레비전 방송국의 편성표를 들여다보며 시청할 만한 프로그램을 찾아 선별하여 보는 것이 습관이 되어 있습니다.

예전에는 한 달간의 프로그램 편성표가 기록된 텔레비전 프로그램 잡지를 사서 일일이 확인하여 형광펜이나 사인펜으로 표시를 하여 보고 했습니다. 그 습관을 보고 자란 큰 딸아이가 똑같이 하고 있다는 사실을 알고 그 엄마에 그 딸이라고 속으로 웃었던 기억이 납니다.

일본어를 익힐 겸 즐겨 보았던 일본 드라마를 거의 보지 않고 지낸 지가 꽤 오래되었습니다.

그런데 얼마 전부터 위성 방송에서 재방송된 일본 드라마 "사랑의 힘"을 오래간만에 재미있게 보고 있습니다.

대기업에서 잘 나가던 광고 제작 디자이너(?)가 독립해서 사무실을 내면서 겪게 되는 일을 참 재미있게 펼쳐나가고 있습니다.

사무실을 내면서 비서 역할을 할 사람을 전에 다니던 회사에서 스카우트하는 과정에서 이름을 잘못 전해 엉뚱한 사람이 채용됩니다.

잘못 전달된 이름 때문에 일어난 일인 줄은 꿈에도 모르고 여주인공은 예전부터 동경했던 사람의 사무실에서 일할 수 있다는 기대로 회사를 그만두고 출근을 하게 됩니다.

대기업이란 배경과 안정된 환경 속에서 마음껏 자신의 재능을 발휘했던 사람이 가슴 뛰는 일을 자신이 좋아해서 광고를 만들고 싶다는 포부와 꿈으로 시작한 작은 사무실에서 같이 일하게 된 광고 제작자와 그의 삶의 모습을 좋아했던 30대로 접어든 여직원의 사랑 이야기가 재미있게 그려집니다. 9회 말 2아웃이란 드라마를 보면서 탁월한 재능을 갖고 타고난 사람들에 대한 동경 그리고 아무리 해도 그들을 좇아갈 수 없는 자신에 대한 실망과 그로 인한 시기와 질투 그리고 체념에 관한 이야기를 들었습니다.

영감과 창조력은 떼려야 뗄 수 없는 관계에 있는 것 같습니다. 자신이 동경했던 세계에서 자신은 아무리 노력해도 이루어낼 수 없는 실적을 올리는 사람을 바라볼 때의 복잡한 심경은 나라가 달라도 똑같은가 봅니다.

소설가를 동경하면서 등단하기 위해 매년 응모전에 원고를 보내는 출판사 직원과 자신이 너무나 좋아하는 광고 제작에서 빛을 발휘하지 못하고 영업 사원으로 만족하며 살아야 하는 한 남자의 고뇌가 너무나 비슷하고 마음 아팠습니다.

딸이 어렸을 적 내가 좋아하는 공주 스타일의 옷을 딸에게 사서 입히고 싶었습니다.

그러나 체형이 도저히 따라오지 않아 결국 편한 츄리닝복으로 자신을 달래야 했던 기억이 납니다. 좋아하는 옷과 어울리는 옷이 일치하는 경우는 참 행복한 사람입니다.

그러나 좋아하는 옷과 어울리는 옷이 다른 경우는 참 서글퍼지지 않을까요?

비유가 적합하지 않을 수도 있지만, 자신이 너무나 좋아하고 입고 싶지만, 도저히 자신은 맞지 않고 어울리지 않아 포기하는 사람이 있습니다.

그런데 그토록 자신이 입고 싶고 동경하는 옷을 누군가는 노력하지 않아도 타고난 체형으로 쉽게 소화해 낼 수 있습니다. 그것을 바라보는 시선은 참 복잡할 것입니다.

갈망과 동경 그리고 부러움과 함께 밀려오는 실망과 좌절 그리고 그 감정이 짙어지면 그것이 시기와 질투로 투영되어 나타나기도 합니다.

천재와 범인의 뛰어넘으려야 뛰어넘을 수 없는 높은 장벽에서 실망하고 좌절하며 때로는 그들에 대한 질투가 살의로까지 번져가는 평범한 사람들의 고뇌를 보며 많이 공감하고 안타까웠던 드라마입니다.

너무나 물린 소재와 줄거리 전개로 사람들의 흥미를 자극하는 한국 드라마가 많은데 일본 드라마에서는 시청자들에게 던져지는 메시지가 참 가슴 깊이 박힐 때가 있습니다.

삶을 돌아보게 하고 가치관을 재정립하게 되는 계기가 되기도 하기에 일본 드라마를 선호해서 보게 되는 사람들의 마음을 조금은 알 것도 같습니다.

프래자일

장수가 어떤 사람들에게 있어서는 축복이고 소망이 될 수도 있겠지만 건강하지 않은 상태에서 오래 산다는 것은 괴로움의 연속일 수도 있습니다.
축복과 소망이 될 수 있는 삶을 위해 나 자신을 돌아보고 건강 회복을 위해 생활 습관을 고쳐 나가야 할 필요성을 느끼고 있습니다.
병원을 이용할 수 없는 극히 일부의 나라를 제외하고 한 번도 병원 신세를 지지 않고 죽음을 맞이하는 경우는 극히 드물지 않을까요?
자의든 타의든 병원을 이용하게 된 사람 중에서는 불행한 의료 사고의 희생자로 사랑하는 가족의 품으로 영원히 돌아오지 못한 사람들도 있습니다.
정교하고 잘 만들어진 기계라 해도 영원히 가동할 수는 없습니다.
기계에 사용 기간이 있듯이 인간에게도 각자 정해진 수명이 있습니다.
60년을 사용한 기계가 낡고 고장을 자주 일으키듯이 사람도 살아온 연수만큼 그 모든 기관은 낡아가고 잘못 사용된 만큼 고장도 자주 일으키게 됩니다.
그리고 기능이 되지 않게 되고 문제를 일으키게 되면 사람들은 병원을 찾게 됩니다.

정상적으로 기능하지 않은 몸을 치유하기 위해
때로는 아픔을 없애기 위해 병원문을 두들기게 됩
니다.

그곳에는 10년 가까운 기간 동안 어려운 의학 공
부를 한 전문가들이 백의를 입고 그런 환자들을
맞이합니다.

의사는 환자를 진단해서 그에게 맞는 치료를 해
나가게 됩니다.

그런데 가장 중요한 진단에서 오진하게 되면 어떻
게 될까요?

어쩌면 그로 인해 환자는 귀중한 생명까지도 잃을
위험성이 있습니다.

생명 그중에서도 인간의 목숨과 직결되는 의료 현
장에서 살아가는 의사들의 삶은 참 무거운 중압감
을 안고 걸어가는 있는 것인지도 모르겠습니다.

의료 현장을 잘 모르지만, 병리의의 세계를 조금
엿볼 수 있는 일본 드라마 "프래자일"를 보게 되었
습니다.

임상의며 병리의 그리고 잘 알지 못하는 의학 용
어며 의료에 관련된 전문 용어가 튀어나오는 드라
마 "프래자일"을 통해 병리의라는 말과 그들의 일
을 조금 알게 되었습니다.

일본 드라마에서 자주 등장하는 의료업계며 병원
을 무대로 전개되는 의료 드라마는 문외한인 내게

는 전혀 모르는 세계입니다.

어떤 드라마든 대부분 사랑 이야기로 끌어나가는 한국 드라마보다 자세하고 사실적으로 어떤 분야의 직업인들의 모습을 그리는게 일본 드라마의 특징이자 재미있는 부분입니다.

잘 알지 못하던 세계에서 신적 존재로 불리는 실력자들의 때로는 거만한 모습마저도 실력이 있기에 고개를 숙이게 하는 면도 있습니다.

언제 어디서나 실력이 있는 사람은 귀중한 존재이기에 괴짜인 성격까지도 감수하며 용납받을 수 있습니다.

의사가 치료하기 전에 환자의 병을 진단하고 병명을 진단한다는 병리의의 세계는 직접 환자들을 상대로 하지는 않지만, 환자들에게 있어서는 더욱더 중요한 존재인지도 모르겠습니다.

만약 그들이 잘못된 진단을 내리게 된다면 치료의 방향이 달라지고 어쩌면 살 수 있었을 가능성마저 잃게 되기 때문입니다.

성격은 괴팍하지만 실력 있는 병리 의와 그 병리과로 옮기게 된 여의사의 이야기가 어떤 식으로 전개될는지 흥미롭습니다.

시간을 달리는 소녀

언제나 현재만을 사는 우리에게 있어서 과거나 미래는 돌아갈 수 없거나 불확실성 때문에 대부분 어떤 추억과 함께 떠오르거나 불안이나 기대라는 감정과 함께 찾아오는 시간입니다.

중국 드라마 때문에 한동안 멀어져 있던 일본 드라마인데 새로 시작된 드라마 중에 "시간을 달리는 소녀"가 있어서 흥미롭게 시청했습니다.

시간 여행을 소재로 쓰이거나 만들어진 소설이나 영화를 아주 재미있게 보곤 했습니다.

애니메이션 판은 몇 번이나 보아도 싫증이 나지 않습니다.

드라마로도 몇 번 만들어졌나 보지만 드라마로는 본 적이 없습니다.

가장 최근에 만들어진 드라마로 너무나 아름답고 선명하게 펼쳐지는 풍경과 함께 미남, 미녀들이 펼치는 사랑 이야기가 많이 기대됩니다.

시간 여행을 왜 이토록 좋아하게 되었을까 생각해 보니 그것은 어쩌면 도저히 돌이킬 수 없는 상황이나 행동을 바로 잡고 싶다는 마음이 모든 사람에게 있기 때문인 것 같습니다.

불완전한 존재인 우리는 때로는 극단적인 행동과

말로 상대방을 상처입히고 자책하게 되는 경우가 종종 있습니다.

주워 담을 수 없는 물처럼 저질러버린 잘못이나 행동을 주워 담을 수가 없기에 사람들은 그것을 만회할 수도 있지 않겠냐는 기대와 함께 시간 여행을 떠올렸는지도 모르겠습니다.

되풀이되는 시간 속에서 자신의 잘못을 수정하고 점점 더 지혜롭게 변화되어 갈 수만 있다면 얼마나 좋을까요?

그러나 그것은 어디까지나 소설 속이나 영화나 텔레비전의 화면 속에서만 가능합니다.

상대방의 뇌리에 깊숙이 박혀버린 아픈 기억을 우리는 지울 수가 없고 시위를 떠나 날아가 버린 화살처럼 입 밖으로 뛰쳐나간 독화살을 다시 되돌릴 수가 없기에 우리는 조금 더 생각하고 행동하고 더욱더 많이 생각하고 말을 뱉어야 하는지도 모르겠습니다.

개인적으로는 미래에서 온 시간 여행자 역의 남자 주인공보다는 여자 주인공 곁에서 항상 같이 지내온 단짝 친구인 남자 탤런트가 더 연기도 잘 하고 목소리도 마음에 듭니다.

애니메이션 영화로 한국어로 번역된 소설도 본 적이 있기에 짧은 단편 소설로 그려지던 이야기가 어떤 식으로 전개될지 궁금합니다.

세상에서 가장 어려운 사랑

가수 출신 탤런트의 발연기가 너무나 눈에 거슬렸던 기억이 있지만, 이 드라마의 남자 주인공으로 나온 오노 사토시는 연기를 잘 하는 편인 것 같습니다.

몇 개의 호텔을 경영하는 사메지마 레이지라는 34세의 천재 경영인이 한눈에 반하게 된 여직원과의 사랑을 얻기 위해 분투하는 과정을 코미디 형식으로 연출한 드라마입니다.

별로 코미디를 좋아하지 않지만, 거부감없이 마지막 회까지 즐겁게 볼 수가 있었습니다.

아시아권 특히 한국 드라마에서는 여자의 신분 상승으로 이어지는 돈 많은 남자와의 사랑에서는 거의 구경할 수 없는 상황이 그려지기에 어쩌면 이런 드라마는 일본에서나 가능한 것도 같습니다.

그러나 돈으로 주종관계가 정해지는 현대에 있어서 이런 사랑 이야기는 작가의 머릿속에서나 존재하는 것이겠지요?

천재적인 경영 감각을 가진 남자의 너무나 서투른 사랑 이야기 그리고 주변 사람들의 따뜻한 마음가짐과 잔잔한 이야기들이 신선하고 어떤 불쾌한 여운 없이 마무리되어 재미있던 시간입니다.

가장 먼 은하

기억 속에 선명히 남아 있는 드라마 "청춘의 덫"처럼 많은 드라마 속에서 그리고 있는 게 어렵게 벌어 학비를 대준 애인을 배신하는 남자와 사랑이 증오로 변한 여자들의 복수를 담고 있습니다.

갈수록 이기적으로 변해 가는 요즘에는 그토록 지고지순하게 자신을 희생하며 헌신하는 여자들이 거의 없기에 그런 드라마 자체를 볼 수가 없습니다.

아사히 텔레비전 개국 55주년으로 제작된 드라마로 "천국의 계단"을 쓴 작가 시라까와 도오루의 "가장 먼 은하"라는 제목으로 번역된 5시간짜리 특집극을 보았습니다.

탄광에서 일어난 사고로 아버지를 잃고 결국, 고아가 된 7살, 5살 된 어린아이 둘이 서로를 의지하고 살아가는 가운데 맞게 되는 현실은 결국, 행복하지는 않았습니다.

사랑하는 남자의 꿈과 성공을 뒷바라지하던 연인의 말로는 참으로 잔혹하였고 그로 인해 살아갈 의욕마저 잃어버린 남자는 복수의 계단을 걸어가게 됩니다.

음지에 뿌려진 씨처럼 빛을 받기에는 너무 힘든

현실 속에서 양지의 삶을 살고자 발버둥 쳤지만,
복수라는 유혹 때문에 결국 음지 인생에서 벗어날
수 없었던 한 남자의 슬픈 사랑이 가슴 아픕니다.
그리고 이 드라마에서는 세 사람이나 되는 자살자
를 그리고 있습니다.
각자에게 있어서 어떤 타당한 이유가 있을지라도
자살이란 결국 현실에서 지급해야 할 대가로부터
도망치는 비겁함만이 남게 되는 것 같습니다.
고아라는 성장 배경과 녹록지 않은 현실 속에서
서로를 의지하고 꿈을 꾸었던 세 사람의 인생이
결국, 비극적으로 끝을 맺는 것을 보면서
개국 기념으로 제작된 드라마가 왜 이토록 우울한
내용으로 점철되어야 했는지 의아스럽고 안타까운
생각이 듭니다.
우리에겐 어떤 어려운 현실 속에서도 잘못된 선택
보다는 지혜로운 선택으로 주어진 삶을 행복하게
살 수 있게 되길 기도합니다.

격애, 운명의 러브 스토리

어느 시대이든 나이가 몇이든 사랑을 하는 사람들의 고뇌와 갈등, 행동과 언어는 비슷한 틀에서 벗어나지 않는 것 같습니다.

만남과 함께 드라마가 시작되고 그 주변 인물들과 환경과 배경으로 인한 갈등 그리고 그로 인해 빚어지는 사람들의 고뇌, 그리고 결말이 있습니다.

웹 드라마라는 장르로 발표된 드라마를 재미있게 보았습니다.

인터넷 소설을 드라마로 만들었다고 하는 데 생각보다 더 진지하게 그려집니다.

가정을 가진 유부남과 유부녀가 불륜을 저지르면서 가정불화가 일어나고 결국 그런 부모의 모습을 보면서 자식들이 상처를 입습니다.

불륜 상대가 된 집의 딸을 유혹하고 그 집을 망치려는 생각으로 접근하게 된 고교생이 결국 자신이 친 덫에 자신이 걸려 버립니다.

많은 드라마에서 그려지는 게 원수의 자식을 사랑하게 되어 고민하는 연인들의 이야기를 다루고 있습니다. 로미오와 줄리엣처럼 비극으로 마무리된 영화도 있지만 많은 고난을 뚫고 결국 그 사랑을 이룬 연인들도 있습니다.

어떤 이유로든 부모의 잘못을 단지 그 부모의 자식이라는 이유만으로 상처를 주고 미움을 받아야 한다는 것은 잘못된 생각이겠지요?

망가져 버린 가정을 바라보며 그 속에서 삶의 의욕까지 잃고 그 분노를 자신에게 쏟은 여학생과 반대로 타인에게 그 화살을 돌린 남학생이 있습니다.

그 둘의 인위적인 만남을 통해 같은 처지에서 고통받고 힘들어하는 서로를 발견하고 감싸 안게 되는 과정이 깔끔하게 잘 전개되고 있습니다.

불륜도 하나의 문화라고 표현했던 일본인 탤런트가 있습니다.

최근 방영되는 "후회 없이 사랑해"라는 일본 드라마도 불륜에 빠진 남녀의 사랑 이야기라고 들었습니다.

단지 좋아하게 된 상대가 하필 유부녀, 유부남이었다고, 자신의 사랑을 변명하고 합리화시키는 사람들이 있습니다.

그러나 그들에게는 아무리 아름답고 애틋한 사랑일지라도 사랑하는 가족이 그로 인해 상처받고 망가진다면 그것은 결국 무책임하고 이기적인 행동에 불과한 것이겠지요? 마냥 달콤하게만 여겨지는 그 열매가 결국은 자신의 인생을 망치고 고통에 빠지게 한다는 사실을 그들은 알고 있을까요?

닥터 린타로우

믿음을 주고 예리한 판단력과 관찰을 통해 사람들을 치료하는 정신과 의인 남자와 게이샤로 살아가는 여자의 만남 그리고 그 들을 둘러싼 사랑 이야기와 한 회마다 정신적으로 마음의 병을 앓고 있는 사람들의 모습과 그들을 치료하는 정신과의 모습이 그려집니다.

귀에 생소한 의학 용어와 함께 한 사람의 상처받은 영혼을 살리기 위해 노력하는 의사의 모습이 참 감동을 주고 마음을 따뜻하게 합니다.

드라마의 전편을 통해 전달하는 메시지는 누구에게나 사랑이 필요하고 어릴 적 감수성이 예민하고 자신을 돌볼 수 없는 어린아이나 청소년기에 받은 상처는 두고두고 그 사람의 인생에 그늘을 남기에 치료가 필요하다고 전합니다.

단적으로 남녀 주인공으로 출연하는 두 사람에게는 안 좋은 영향력을 끼치고 있는 게 어머니와의 관계입니다.

이혼이 흔해지고 있는 한국에서는 보육원이 버려진 아이로 넘쳐나고 계모로 인해 일어나는 아동학대가 살인 사건으로까지 이어져 한동안 한국 사회를 시끄럽게 했습니다.

새로운 삶과 사랑을 찾아서 결혼하거나 재혼을 한 가정이 다 그렇지는 않겠지만 많은 경우가 서로의 거리를 쉽게 좁히지 못해 고민하고 있을 것입니다.

혈연으로 묶인 부모와 자식 간에도 각자 다른 하나의 인격체이기에 견해차나 그로 인해 많은 충돌이 발생합니다.

의무적인 관계로 맺어지는 새어머니와 새아버지라는 입장에서, 남편이나 아내가 데리고 온 자식과의 관계는 참으로 큰 노력이 필요하겠지요?

한국에서 그려지는 드라마에서는 친자식과 혈연에 대한 집착이나 자식에 대한 과잉보호나 잘못된 사랑으로 빚어지는 마찰이 결국 자식을 불행하게 하고 망치는 내용이 자주 그려집니다.

그러나 그런 어머니나 아버지의 사랑도 대부분 나름대로 자식을 사랑하는 마음이 앞선 슬픈 결말인지도 모르겠습니다.

그에 반해 일본 드라마는 친자식에 대한 양육 포기와 방임 때로는 학대를 다루는 내용이 자주 눈에 띕니다.

사랑과 보호, 그리고 관심이 필요한 시절에 그것을 공급받지 못하면 사람으로서 살아가는 데 필요한 감성이나 인격을 갖추지 못하게 되는 것 같습니다.

사랑을 받지 못하고 어린 시절을 보낸 아이들이 성장하여 결국 이 사회를 위험하게 하는 존재로 변화되어 가는 사례가 많습니다.

어떤 이들은 자신을 망치는 것으로 그 상처를 표출하고 또 어떤 이들은 사회와 타인에게 그 상처를 표출합니다.

병원 대기실에서 기다리는 시간이 너무도 지루해서 병원 가기를 미루고 미루는 나날입니다.

필요 때문에 하는 수 없이 진료를 받으러 가는 병원에서는 환자의 얼굴을 똑바로 바라보지도 않은 채 노트북 화면만을 바라보며 약을 처방해 주는 의사들이 늘어가고 있습니다.

가끔 그런 대접을 받고 병원을 나설 때면 참 마음이 우울해지곤 합니다.

현실에서는 드라마에서 그려지는 닥터 린타로우와 같은 의사는 별로 보이지 않습니다.

그러나 갈수록 이기적으로 변해 가는 사회에서 몸도 망가지고 변화의 속도가 너무나 빠르기에 겪는 스트레스로 마음의 병을 앓는 사람들이 늘어가고 있습니다.

겉으로 드러난 상처를 꿰매고 고치는 의사도 필요하겠지만 어쩌면 우리가 사는 이 세상은 진정으로 상처받은 마음을 이해하고 관심과 사랑을 가지고 마음의 병을 고치는 의사들이 필요할 것입니다.

굿 모닝 콜

책 읽기에 눈이 피곤해지면 다시 드라마 사이트에서 드라마를 보고 있습니다.

최근에 열심히 보고 있는 게 "굿 모닝 콜"이라는 일본 드라마입니다.

원작 만화를 드라마로 만들었다고 하는 데 여주인공의 성격은 별로 좋아하는 스타일이 아니지만, 그럭저럭 재미있습니다.

인류의 공통적인 고민인 사랑을 주제로 한 고등학생들의 연애물입니다

가끔 여주인공의 생각이나 행동이 너무 유치하다 싶은데 원작이 중학생들을 그렸다는 설명을 인터넷으로 읽으며 조금은 이해했습니다.

이 드라마를 보면서 성격이 나쁜 남자에게 끌려서 휘둘리는 어리석은 여주인공의 모습을 보며 사랑이란 것이 참 합리적이지는 않다는 생각을 합니다.

이성으로 제어하지 못 하는 감정이기에 해바라기처럼 행동하는 여고생이며 짝사랑하는 대상을 위해 정성을 다하는 사람들이 안타깝기도 합니다.

왜 많은 여자가 헌신적으로 사랑해 주고 아껴주는 남자보다는 까탈스럽고 자기중심적인 남자에게 목

을 매는 걸까요?

여러 유형의 등장인물이 등장하지만 가장 마음에 드는 인물은 여주인공 나오의 단짝 친구인 마리나 입니다.

문제를 정확히 보고 조언을 하기도 하고 친구를 위해 헌신적으로 행동하는 그녀의 지혜로운 모습이 참 마음에 듭니다.

만화 대국 일본에서 만들어지는 만화는 언제나 소재의 풍부함과 생각의 폭을 느끼게 합니다.

너무나 규제와 제약이 많은 한국에서는 상상이 되지 않는 여러 가지 이야기들이 날마다 쏟아져 나옵니다.

그러기에 드라마로 다시 만들어지는 경우도 자주 있습니다.

최근에 보고 있는 "해피 매리"도 원작 만화를 드라마로 했다고 하는 데 후지오카 딘이라는 미남 배우를 볼 수 있어 즐겁게 보고 있습니다.

미남, 미녀가 그려내는 드라마 세상은 역시 재미있습니다.

24시간 인터넷으로 연결된 세상을 살아간다는 것은 여러 가지로 편리한 점도 많지만, 해킹 문제며 정보 누출이며 두려운 세상이 되어가고 있습니다.

아, 어떻게 이 문제를 해결해 나가야 할까?

좋아하는 사람이 있다는 것

대만 친구 중에 요리를 좋아해서 자신의 가게를 차리는게 꿈인 친구가 있습니다.

집에 놀러 왔던 그녀가 보여준 요리법 공책을 보고 깜짝 놀랐습니다.

그 공책 속에 사진과 그림, 그리고 일일이 손으로 기록한 빽빽이 쓰인 설명을 보며 감탄한 적이 있습니다.

그녀의 꿈은 아직 이뤄지지 않은 채 유치원 식당에서 매일매일 원생들을 위해 요리를 하고 있습니다.

"좋아하는 사람이 있다는 것"이라는 일본 드라마를 보다가 여주인공이 일하게 된 레스토랑의 요리법을 적은 공책을 보며 까마득히 잊고 있었던 대만 친구의 꿈이 담긴 요리 공책을 떠올렸습니다.

케이크를 만드는 직업이 가진 여주인공이 실업하게 되면서 우연히 만나게 된 학창 시절 짝사랑했던 남자의 권유로 그가 하는 레스토랑에서 일하게 되면서 일어나는 이야기가 주 내용입니다.

좋아하고 사랑하는 사람이 있다는 것만으로도 얼마나 인생이 아름답고 행복하게 변할 수 있는가가 여주인공의 행동과 언어로 묘사됩니다.

주요리에 맞는 후식으로서의 케이크를 제공하기 위해 열심히 노력하고 연구해 가는 그녀의 모습이 참 아름다웠습니다.

무언가 자기 일에 몰두해서 열심히 하는 사람의 모습이 참 아름다운 것처럼 사랑하기에 그 시간이 더 행복한 여인을 보며 지금도 인류를 존속시키는 사랑이라는 감정의 놀라운 영향력에 공감하고 있습니다.

한국 정서로는 이해할 수 없는 전통과 가업을 이어가기 위해 힘을 모아가는 세 형제의 이야기도 드라마를 흥미롭게 진행하는 역할을 하고 있습니다.

몇 대째 가업을 이어가고 몇백 년 된 가게며 맛이라는 것을 자부심을 느끼고 이야기하는 게 일본입니다. 맛뿐만 아니라 한국에서는 완전히 사라져버린 옛 문화며 전통을 꾸준히 이어가고 있습니다.

드라마에 사용된 요리법이 적힌 공책을 보며 자신만의 기술과 맛으로 끝나지 않고 그것을 후대에도 전하고 싶다는 일념으로 기록해 가고 그것을 더 발전시켜나가는 그들의 모습이 참 부러웠습니다.

양을 저울로 재고 온도며 시간을 기록하여 수치화하는 것에 익숙하지 않은 한국에서는 그로 인해 많은 귀한 기술과 문화가 이어지지 않고 사라져 갔습니다.

갑작스럽지만 내일 결혼합니다

결혼해서 전업주부로 살고 싶은 여자와 연애는 하지만 결혼은 하고 싶어 하지 않는 남자가 판이한 가치관에도 불구하고 사랑에 빠지고 그 간격을 좁혀가기도 전에 이런저런 일들이 얽히고설키면서 벌어지는 이야기들을 그리고 있습니다.

상반된 성장 과정이 결혼에 대해 정반대로 생각하게 하는 것 같습니다.

행복한 가정에서 태어나 결혼에 대해 꿈을 갖고 자란 여주인공과 자식을 위해 불행한 결혼을 한 어머니의 모습을 우울하게 바라보며 자란 남주인공이 자신들도 어찌할 수 없는 감정 때문에 사랑에 빠지게 되는 것을 보며 이성과 계산이 통하지 않는 사랑을 하게 된 사람들이 부러워지고 있습니다.

연예인들의 사생활은 연예 잡지나 인터넷상에서 접할 뿐으로 개인적으로 전혀 알지 못하는 세상입니다.

이 드라마에서 그려지는 일반인과 유명 아나운서의 연애를 보며 이름과 얼굴이 알려진다는 것이 그다지 좋은 일은 아닐지도 모른다는 생각을 하고 있습니다.

인터넷이나 연예가 소식을 텔레비전을 통해 보면서 흥밋거리로 보고 지나쳤지만 그런 기사를 제공하기 위해 그들을 좇는 사람들의 카메라에 시달리고 끊임없이 사람들의 시선을 의식하고 자유롭게 데이트 한 번을 할 수 없는 그들의 삶이 안타까워지기도 합니다.

성장 과정이 다르고 생각과 습관, 기질과 식성이며 잠버릇에 이르기까지 전혀 다른 성의 남자와 여자가 사랑에 빠지고 단지 같이 있고 싶다는 열망으로 인해 결혼이란 제도 안으로 들어갑니다.

그러나 그 사랑의 감정은 짧게는 3개월에서 길게는 3년 정도라고 들었습니다.

그 후에는 결혼을 유지해 가기 위한 두 사람의 끊임없는 배려와 관심 그리고 인내가 필요합니다.

용기 내 결혼하게 되어 부부가 된 사촌 동생이며 또 다른 많은 사람이 부디 그 사랑의 감정을 잊지 않고 서로를 위해주고 끝까지 인생길을 행복하게 같이 걸어가게 되길 기도합니다.

미시마야 변조괴담

미야베 미유키라는 여류 작가의 원작 소설을 드라마로 만든 "미시마야 변조 괴담"입니다.

5부작 드라마를 이틀에 걸쳐 다 시청했습니다.

충격적인 사건을 겪고 친척이 운영하는 미시마야라는 주머니 가게로 오게 된 오지카라는 소녀가 주인공입니다.

그녀가 가게에서 일하면서 우연한 계기로 듣게 된 사람들의 괴이한 경험담과 그로 인해 벌어지는 이야기를 그리고 있습니다.

무더운 여름을 공포와 두려움을 통해 조금은 식히고자 하는 납량특집극인 것 같습니다.

사람들은 때로 극이나 영화보다 더 끔찍하고 현실로 받아들이기 어려운 경험을 합니다.

그것이 사랑하는 사람을 범죄자에게 잃는 경험이거나 참으로 믿기 힘든 비현실적인 불가사의한 체험일 때도 있습니다.

그리고 그런 체험을 하는 사람들은 대부분 영적으로 민감한 사람들인 경우가 많은 것 같습니다.

항상 머리가 아프시다며 마이신(?)을 상복하셨던 할머니도 영적으로 예민했던 모양입니다.

기독교인이 되기 전, 시집와서 1년에 16번의 제사를 지내며 살아야 했던 어머니의 회상입니다.

제사상을 차리다가 부부 싸움을 한 바람에 아버지가 화가 나셔서 제사상을 뒤집어엎었다고 합니다.
마침 외출하셨다가 돌아온 할머니가 어머니에게 하신 꿈이야기가 놀랍기만 합니다.
어젯밤 꿈에 할아버지가 나타나셔서 "비빔밥 잘 먹고 갔다"라는 말을 했다고 합니다.
부부 싸움을 한 지도 제사상을 엎은 일도 전혀 알지 못하는 할머니가 꿈속에서 들은 말과 현실이 너무나 딱 들어맞아서 소름이 끼칠 정도였습니다.
죽은 자들을 기리는 제사, 그리고 꿈에 나타난 죽은 자의 전언, 이 세상에 태어난 자는 언젠가 가야 하는 죽음 후의 세계는 늘 우리를 궁금하게 하고 또 두렵게도 합니다.
그래서 영적인 체험이나 영적인 세계를 그린 소설이나 영화는 늘 흥미롭기만 합니다.
이생에 남겨진 자들은 절대로 체험할 수 없는 죽음 뒤의 이야기, 회한을 남기고 이 세상을 떠난 사람들에 대한 감정은 언제나 풀 수 없는 숙제처럼 응어리를 남깁니다.
그래서 그런 많은 사연이 전국 곳곳에 전설처럼 남겨져 있습니다.
살아 있는 동안 우리는 자신에게도 다른 사람에게도 관대하고 어떤 일에 대해서도 용서하며 안 좋은 감정을 남기지 않아야 할 것입니다.

과보호의 가호코

한국어로 번역하면 잘 모르겠지만 일본어 발음으로는 드라마 제목으로 사용된 과보호라는 단어와 가호코라는 여주인공의 이름은 거의 똑같은 발음입니다.

길고도 힘들었던 불임 치료를 고쳐서 겨우 얻게 된 외동딸 가호코를 엄마역 쿠로키 히토미는 철저하게 과보호합니다.

그런 가호코가 어머니의 과보호와 간섭으로 점철된 인생에서 자립해서 서게 되기까지를 그린 드라마입니다.

대학에서 만나게 된 고학생과의 연애와 함께 친척들이 일으키는 여러 사건이 코믹하게 그려지고 있습니다.

자주 등장하는 컴퓨터 그래픽과 머릿속으로 상상한 내용과 현실과의 격차 등이 참 재미있어 나도 모르게 웃음이 터져 나오곤 했습니다.

주인공들의 성격이며 환경, 내용 전개까지 천차만별이었지만 나는 시대의 변화와는 상관없이 여전히 사랑이 많고 착한 여주인공을 좋아합니다.

세상이 갈수록 변해 가면서 드라마에서 그려지는 주인공들의 성격도 많이 변했습니다.

힘든 상황에서도 자신을 희생하면서 주위 사람들을 위해 열심히 살아가는 주인공들은 거의 텔레비전 화면에서 볼 수가 없게 되었습니다.

마냥 착하기만 했던 옛날이야기의 주인공들이 독자들에게 외면을 받는 실정입니다.

그중에는 능력도 안 되면서 아이들을 많이 낳았다고 비난을 받는 흥부가 있습니다.

단순했던 옛 시대와는 다르게 우리가 살아가고 있는 세상은 선과 악의 구별마저 회색으로 변해 가고 현실에서는 권선징악이 실현되지 않는 것을 목격하며 하고 있습니다.

사람들의 말과 행동을 순수하게 받아들이지를 않고 끊임없이 숨겨진 동기와 목적을 살펴보는 사회가 되어가고 있습니다.

그런 삶 속에서 이런 드라마가 일본에서 만들어져 방영되는 게 흥미롭습니다.

현실이 너무 삭막하고 우울하기에 어쩌면 현실과 동떨어진 드라마를 만들지 않았나 싶습니다.

부모로서는 자기가 사랑하는 자식이 상처받지 않고 불행과는 인연이 없는 행복한 삶을 살아가게 되길 바랍니다.

그러므로 사랑이라는 이름으로 끊임없이 자식의 인생을 간섭합니다.

각자에게 주어진 재능과 기질을 키우기보다는 자

신이 생각하는 성공자의 길, 행복의 길로 이끌려고 합니다.

그러나 성장해 가면서 겪는 상처를 통해 더 큰 절망과 좌절을 견딜 수 있는 정신력과 경험을 얻을 수 있다고 합니다.

그런 경험을 갖지 못한 사람들은 처음으로 접하는 실패를 받아들일 수 없어 때로는 극단적인 선택을 하기도 합니다.

교육비며 자녀 교육에 대한 우려, 때로는 자신들의 삶을 즐기기 위해 아이를 낳지 않거나 한, 두 명을 낳아서 키우는 부모들이 늘어가고 있습니다. 한, 두 명의 자녀를 성공자로 키우기 위해 어릴 때부터 영재 교육이며 학원 교육에 전념하는 젊은 엄마들이 어쩌면 이 드라마의 어머니와 비슷한 길을 걷게 될지도 모르겠다는 걱정을 하고 있습니다. 산아 제한을 국가적으로 실행했던 중국의 "작은 황제"로 불리는 다음 세대의 문제와 기를 죽이지 말라며 공공 기관에서의 예의범절마저 가르치지 않는 한국의 자녀 교육 문제를 떠올리고 있습니다. 사랑을 많이 받은 자녀가 결코 극악인이 되지는 않는다는 희망만을 가슴에 안고 자기만이 귀중하다는 이기적인 아이가 아니라 주위 사람들을 돌아볼 수 있는 지혜로운 다음 세대를 키우는 엄마들이 많이 나오기를 기도하고 있습니다.

처음 사랑을 한 날에 읽는 이야기

어떤 중국 드라마를 검색하다 방문한 어떤 블로그에 소개된 일본 드라마가 눈에 멎었습니다.
후카다 교오코가 출연한 "처음 사랑을 한 날에 읽는 이야기"라는 드라마입니다.
재미있을 것 같아 당장에 그 드라마를 찾아서 보았습니다.
10부작 드라마를 이틀에 걸쳐서 완주했습니다.
개인적으로 일본 여배우들은 한국 여배우보다는 훨씬 미모가 못 따른다고 생각하고 있는데 후카다 교오코는 한국 여배우들에게 지지 않을 만큼 아름다운 여배우 중의 한 사람입니다.
일본에서는 연기력으로 비판을 받고 있나 보지만 화사한 미모와 어울리는 세련된 옷차림까지 좋아하는 연기자입니다.
이 드라마에서 후카다 교오코가 맡은 역할은 하루미 쥰코라는 입시 학원 강사역입니다.
어머니의 염원인 동경대에 들어가기 위해 어렸을 적부터 열심히 공부했던 그녀는 학년 수석을 할 정도로 똑똑했던 학생이었습니다.
그러나 입시 날 시험을 망치고 동경대 입학에 실패합니다.

동경대 입학을 인생의 목표로 달려온 그녀가 막상 그 목표 달성에 실패하자 그 뒤로는 모든 것이 뒤 엉클어지고 무력해지고 맙니다.

30대 초반의 나이가 되었지만, 여전히 부모님의 집에서 지내며 결혼도 취업도 삶도 빛을 잃은 생활을 하고 있습니다.

그런 그녀가 머리카락을 진한 분홍색으로 물들이고 자신이 일하고 있는 입시 학원에 찾아온 불량 학생 유리 코헤이를 만나면서부터 강사로서의 자신의 삶에서 열정을 찾게 되고 박진감 있게 변화해 갑니다.

자신의 삶에 대해 꿈이 없이 단지 어머니의 소원을 이루기 위해 그녀는 공부했습니다.

그렇지만 그 꿈이 무너졌을 때 그녀는 삶에 대한 열정을 잃어버립니다.

그런 그녀가 중간에 공부를 포기하고 살고 있던 불량 학생 유리 코헤이를 동경대에 합격시키기 위해 자신의 모든 것을 쏟아붓고 열정을 찾아가는 모습이 드라마에서는 그려집니다.

10회 중 2회 내용이 대단히 인상적이고 기억에 남습니다.

입시 학원에 생도를 모집하기 위한 목적으로 강사들이 여러 고등학교에 출장 강의를 갑니다.

여주인공 하루미 쥰코는 미나미 고등학교라는 별

로 공부를 하지 못 하는 삼류 고등학교에 가게 됩니다.

미나미 고등학교의 선생이 되어 있던 야마시타를 만나게 되고 그의 반에서 출장 강의를 하게 됩니다.

수업을 들을 생각도 공부할 분위기도 전혀 되어 있지 않은 학생들은 "왜 공부를 해야 하느냐?"며 그녀에게 조소와 무시로 일관합니다.

그때 그녀는 그런 학생들을 향해 정말로 가슴에 와 닿는 대사를 합니다.

대한민국이란 동양의 어떤 나라에서는 밤 10시가 넘은 늦은 시각 좀비들이 쏟아져 나온다는 말을 했던 사람이 있습니다.

명문대 입학을 목표로 야간 자율 학습이란 이름으로 학교 교실에 붙잡힌 채 공부를 하는 학생들이 있습니다.

그들은 과연 자신들이 왜 그토록 공부해야 하는지 알고 있을까요?

단지 어른들이 부모님과 선생님들이 명문대에 좋은 대학에 합격해야 한다고 하니까 그 시간을 책상 앞에 앉아 있는 것은 아닐까요?

왜 공부를 해야 하는지 알지 못하기에 그 모든 시간이 고역이 되고 자유를 구속하는 괴로운 시간이 되는지도 모릅니다.

그러나 공부가 결국 자신을 위해서 또한 자신이 사랑하는 사람을 지키고 무지로 인해 피해를 보거나 손해 보는, 나아가 인생을 망칠 수도 있는 모든 위험으로부터 지킬 수 있는 무기가 된다면 우리는 공부를 해야 할 것입니다.

자신이 사랑하는 사람을 지킬 수 있는 실력과 능력을 얻기 위해 오늘 지급한 시간과 노력은 절대로 헛되지 않을 것입니다.

교사와 학생의 관점에서 사랑, 입시 학원 강사와 학원생의 만남, 연상의 여인과 고등학생의 사랑, 일반적으로 생각하는 금지된 모든 조건을 그리고 있지만, 만화가 원작이고 한국보다는 연상연하 커플에 대한 편견이 그리 심하지 않기에 이런 드라마도 만들어지는 것이겠지요?

반상의 해바라기

소설을 별로 안 읽게 되었지만 가끔 드라마를 보
고 나서 흥미를 느끼면 원작 소설을 찾아서 읽곤
합니다.
얼마 전 텔레비전에서 방영한 "반상의 해바라기"를
재미있게 보았습니다.
장기의 세계며 장기 말까지도 명품을 추구하는 일
본인들의 의식과 목숨을 건 승부의 세계의 치열함
을 조금은 알게 된 드라마였습니다.
4부작 드라마를 보고 나서 도서관에 드라마의 원
작 소설을 예약했습니다.
텔레비전에서 한 번 방영되면 늘 그에 관련된 용
품이나 물건 등이 갑자기 인기를 끌고 동이 나듯
이 이번에도 예약자가 몰리고 있었습니다.
3번째 예약자가 되어 기다리다 신년 초에 겨우 책
이 도착해서 지금 열심히 읽고 있습니다.
소설은 2부 구성으로 되었는데 형사들이 명공이
만든 장기 말을 좇아서 점점 범인에게 다가서는
과정을 건너뛰고 범인으로 여겨지는 주인공의 과
거를 먼저 읽었습니다.
몇 번 드라마화 된 원작 소설을 읽은 기억이 납니
다.

드라마로 만들어지는 과정에서 방송국에 따라 원작에 없는 내용을 가미하는 경우가 많습니다.

시청률을 높이고 인기를 더 끌기 위해 방법인 것 같습니다.

더욱더 자극적이고 퇴폐적이며 흥미 위주로 제작하는 경우가 후지 텔레비전 계통입니다.

같은 내용이라도 선정적이며 우울하게 그려냅니다.

그런 면에서는 이 드라마는 NHK에서 이 소설을 만들면서 소설의 음울하고 부정적이고 회의적인 느낌을 반대로 따뜻하고 밝게 재창조했습니다.

소설에서는 네 명의 자살자가 그려지고 한 건의 살인으로 막을 내립니다.

천재 장기 기사인 주인공마저 역에서 몸을 던지는 것으로 끝을 맺습니다.

그렇지만 드라마는 희망의 여지를 남기게 극본을 바꾸었습니다.

이왕이면 이런 재창작이 더 많아졌으면 하는 바람입니다.

우울한 세상에서도 조그만 희망을 찾길 바라기에….

프로 장기 기사가 된 천재적인 두뇌의 주인공이 출생의 비밀과 함께 학대받은 유소년 시절의 상처로 결국, 비극적인 결말로 소설은 막을 내립니다.

영화 감상

잠깐만 회사 좀 관두고 올게

"잠깐만 회사 좀 관두고 올게"라는 멋없는 제목을 누가 붙였는지는 모르겠지만 회사 생활이 힘든 회사원들에게는 한 번은 내뱉고 싶은 대사가 아닐까요? 어쩌면 지금 이 순간에도 누군가는 늘 사직서를 가슴에 품고 다니고 있는지도 모르겠습니다.

그들에게는 이 말을 내뱉고 회사를 떠나는 꿈을 날마다 동경하면서 살아가고 있는 것은 아닌지….

먹고 살기 위해서 가족들을 위해서 취업난이 심하기에 여러 가지 많은 이유와 핑계를 대며 하루하루 직장을 향해 출근하는 사람들도 있을 것입니다. 우울한 월요일은 작업 능률까지 낮다는 조사 결과도 있다고 들었습니다.

누군가에게 있어서 월요일 아침은 오지 않기를 바라는 하루가 될지도 모르겠습니다.

즐거운 주말을 보내고 일요일 저녁부터 그 우울증은 시작될지도 모르겠습니다.

이 영화는 직장과 일에 적응하지 못하고 힘든 사회생활을 하는 회사원들에게 자신을 돌아보고 생각할 시간을 마련해 주는 영화라고 할 수 있습니다.

주인공 아오야마 다카시는 취업 전선에 뛰어들었

다가 계속 불합격되던 차에 겨우겨우 어떤 회사에 취업하게 됩니다.

그러나 그 회사는 실적을 올리라며 닦달하는 상사의 인격 무시와 잔업 수당도 나오지 않으며 혹사하는 구조에 문제가 많은 기업이었습니다.

그렇지만 그는 힘들게 취직된 직장을 그만둘 용기도 내지 못 하고 억지로 버티며 살아가면서 삶에 대한 의욕마저 잃어가게 됩니다.

그리고 어느 날 저녁 그런 생활에서 벗어나고 싶고, 편히 쉬고 싶다는 생각과 함께 자신도 모르게 역으로 들어오는 전철로 몸을 던지려고 합니다.

그 시간 다행히 누군가가 자신을 구해주게 됩니다.

초등학교 동창이라고 자신을 소개하는 야마모토 켄이치라는 남자와의 만남을 통해 주인공은 조금씩 활기를 찾고 삶에 변화가 찾아옵니다.

지금도 한국이며 일본에서는 날마다 사람들이 스스로 자신의 목숨을 끊고 인생을 마감하고 있습니다.

사람들은 그들이 현실 도피를 한 겁쟁이라고 여길지도 모르지만 죽음보다 더 용기가 필요한 일이 있을까요?

현실의 삶이 너무나 절망적이라고 느껴질 때
사람들은 쉬고 싶고 그 상황에서 벗어나고 싶은

갈망으로 그 용기를 내곤 합니다.

그러나 그들이 과연 진정한 쉼과 평안을 찾았을까요?

영화에서는 또 한 명의 주인공으로 야마모토 유가 등장합니다.

그의 대사를 통해 가족이나 사랑하는 사람의 자살로 인해 상처받은 남겨진 사람들의 심정이 너무나 절절히 표현돼 있습니다.

남자 주인공 아오야마 다카시를 전철역에서 구해준 사람은 블랙 기업에서 혹사당하다가 회사 옥상에서 떨어져 자살한 야마모토 준이라는 사람의 쌍둥이 동생 유였습니다.

자살로 갑자기 떠나버린 가족 앞에서 사람들은 끊임없이 자신을 자책하게 됩니다.

그런 낌새를 알아채지 못하고 만류하지 못한 것을 안타까워하고 자신에게서 잘못을 찾기도 합니다.

죽음에 이르는 병은 무엇일까요?

그것은 절망입니다.

희망이 없다고 느낄 때 사람은 절망을 느끼고 죽음을 선택하게 됩니다.

절망은 출구가 보이지 않은, 벗어날 수 없을 것 같은 터널과 같이 느껴집니다.

그러나 출구가 없는 터널은 없습니다.

희망은 늘 언제나 어디에나 있습니다.

다만 너를 사랑하고 있어

 "다만 너를 사랑하고 있어"로 번역된 이 영화도 서정적인 풍경과 아름답고 슬픈 사랑 이야기가 참 마음을 아프게 했습니다.

얼마 전에 본 "너에게 내 첫사랑을 바친다"라는 일본 영화와 조금 분위기가 비슷했습니다. 두 편 다 병 때문에 시한부 삶을 살아가는 연인들의 안타까운 사랑 이야기였습니다.

아름다운 사랑 이야기는 비극으로 끝날 때 더욱 그 여운이 오래가는 것 같습니다. 내 기억 속에 잊히지 않는 슬픈 사랑의 이야기는 "로미오와 줄리엣" "폴과 비르지니" 그리고 "모래의 성"입니다.

영화나 소설, 드라마에서 현실의 어디에선가 지금도 누군가는 사랑합니다. 한순간 운명처럼 누군가에게 사랑에 느낍니다. 어떤 몸짓 하나가 자신의 귀를 스치는 목소리가 어떤 표정이 눈짓이 마음을 사로잡을 때가 있습니다. 벼락에 맞은 것처럼 때로는 잔잔히 밀려오는 물결처럼 사랑에 빠질 때도 있습니다.

이 영화에서는 남자 주인공 마코토의 걱정스러운 말 한마디가, 여주인공 시즈루의 천진한 작은 손짓 하나가 사랑의 시작이었습니다.

자신이 좋아하는 마코토가 다른 사람을 좋아하는 것을 발견하고 슬퍼하는 시즈루, 그렇지만 시즈루는 "좋아하는 사람이 좋아하는 사람을 좋아하고 싶다"라는 논리를 내세우며 마코토의 여자 친구까지 좋아하려고 합니다.

그 대사를 들으면서 일본에서 알게 된 태국 친구의 말을 떠올렸습니다. 가난한 태국 농촌에서 태어나 참으로 험한 삶을 살아온 그녀는 언제나 정말 열심히 살았습니다.

문제 있는 가정의 사랑하기 힘든 시어머니의 불합리한 처우가 가슴 아파도 자신이 사랑하는 남편을 낳아준 어머니이기에 정말로 잘 해주고 싶다는 고백을 했습니다. 이혼하고 혼자 사는 나이든 시아버지의 병간호를 지성으로 한 며느리였습니다.

그러나 그런 그녀의 정성과 희생도 보람없이 그녀의 남편은 그녀를 배신하고 떠났습니다.

시즈루의 부재로 자신의 사랑을 깨닫게 되는 마코토의 절망이 보는 이의 가슴을 아프게 합니다. 둘이 함께했던 소소한 일상의 모습이 두 번 다시 함께하지 못할 순간이었다는 것을 깨달았을 때 그의 마음은 얼마나 슬펐을까요?

계절마다 전해지는 시즈루의 편지를 볼 때마다 그의 가슴에는 못다 한 사랑의 기억이 떠올랐을 것입니다.

어둠의 아이들

신학교 졸업을 얼마 앞두고 있었던 어느 주말에 기숙사에 남아 있는 여학생들과 같이 본 DVD가 있습니다. "어둠의 아이들"이라는 이 영화를 본 뒤에 너무나 기분이 우울해지며 감정이 가라앉아서 선뜻 글로 느낌을 정리하지 못하고 결국 기억 속에 잊혀 갔습니다.

그러고 나서 몇 개월이 흘렀습니다. 얼마 전 올케네에 놀러 갔다가 조카가 다운을 받아 놓은 일본 영화 "내 첫사랑을 너에게 바친다"를 보면서 기억의 밑바닥에 깔려있던 영화 "어둠의 아이들"을 떠올리게 되었습니다.

꽤 오래전 방콕의 에이즈 환자며 아동 매춘이 해외 기사로 신문 지상에 화제가 되었던 때가 있었습니다. 몇 줄의 토픽 기사로 읽고 기억 속에 사라져갔던 끔찍한 범죄를 한 일본인 소설로 기록을 하였고 그 소설을 토대로 한 편의 영화가 만들어졌습니다.

일본 영화사에서 제작하고 태국에서 대부분 촬영을 하였습니다. 어린아이들을 성적 대상으로 삼기 위해, 죽어가는 자신의 가족을 위해 장기를 구하러 태국으로 몰려든 사람들이 있습니다.

그리고 아동 매춘과 아동 학대 나아가 장기 이식이라는 수단으로 어둠 속에 사라져간 어린 영혼들이 있습니다. 가난 때문에 팔려가다시피 하여 따라간 곳에서 어린아이들을 기다리고 있는 것은 강요된 매춘과 에이즈, 죽음이었습니다.

세계에서 희생양을 찾아온 이상성애자들의 성적 노리갯감이 되고 결국은 에이즈에 걸려 쓰레기처럼 버려지는 아이들, 어느 날 산 채로 장기가 이식되어 죽어가야만 했던 아이들, 그 모든 발단에는 극심한 가난이 있었습니다.

자기 아들을 구하기 위해 돈으로 심장을 사는 사람, 그 배후에 얼마나 끔찍하고 처참한 현실이 펼쳐질지라도 자기 아들의 목숨이 귀하기에 그들은 그 모든 것에 눈을 감습니다.

오래전 길거리의 벽보로 붙은 한 장의 영화 포스터를 보며 온몸에 전율을 느낀 적이 있습니다. 장기 이식이라는 단어조차 들은 적이 없었던 시절 돈 때문에 멀쩡한 사람을 납치하여 장기를 떼어내는 세계가 오리라는 것을 경고한 영화의 소개문을 보고 느낀 공포가 지금도 잊히지 않습니다.

깨끗하게 목욕을 하고 고운 옷을 입고 병원문을 들어서는 소녀의 너무나도 아름다운 눈망울이 기억 속에 잊히지 않습니다.

사토라레

자기 생각이나 느낌이 다른 사람에게 알게 된다는 사토라레라는 특별한 사람의 이야기입니다.

본심과 겉모습이 대부분 다른 삶을 살고 일본 풍토에서 생각할 수 있는 재미있는 상상력의 세계입니다.

대부분 자신의 감정이나 느낌을 포장하고 사는 일본인에게 있어 자신의 속마음과 느낌을 그대로 다른 사람에게 통하게 된다는 게 어떤 면에서는 자유로울 수도 있다는 것을 이 영화를 보면서 느끼고 있습니다.

자신의 감정을 숨기고 산다는 게 얼마나 힘들었으면 이렇게 생각하게 되었는지 참으로 안타까운 마음마저 듭니다.

신학교 3년 동안 기숙사 생활을 하면서 일본인들과 부대끼며 지냈습니다.

그렇지만 지금도 여전히 나는 그들의 인간관계를 제대로 파악하지 못하고 있습니다.

친하다고 여겼던 두 사람이 단지 형식상의 관계뿐이라는 것을 다른 일본인들은 다 알고 있었습니다.

나는 조개가 되고 싶다

너무나 안타까운 내용을 보며 눈물을 흘렸습니다.
내가 좋아하는 영화 중 일본 영화 "반디의 무덤",
프랑스 흑백 영화 "금지된 장난"은 전쟁을 반대하
는 메시지를 전달하는 영화입니다.
두 영화가 다 전쟁에 말려든 어린아이들을 등장시
켜 참으로 전쟁이 얼마나 비참하고 헛된 것이라는
것을 주장하고 있습니다.
이번에 보게 된 영화는 역사의 소용돌이 속에 말
려들어 전범이라는 죄명으로 죽어간 한 이발사를
통해 전쟁을 고발하고 있습니다.
전범으로 처벌된 사람 중에는 참으로 억울한 상황
에서 죽어간 사람들이 많이 존재한다고 합니다.
제대로 된 통역의 부재 일본 문화와 상황을 알지
못하고 행해진 재판 등 실제로 가장 악질적이고
핵심적인 전범들의 뒤에서 미국과의 이해 관계와
타협으로 처벌을 피한 사람도 많다고 들었습니다.
그렇지만 부조리한 상황에서 피치 못하게 한 행동
으로 참으로 많은 사람이 탄식과 절규를 남기며
이 세상을 떠나갔습니다.
누구의 손도 닿지 않은 심해의 조개가 되고 싶었
던 한 전범의 고백이 귀를 울립니다.

해는 다시 떠오른다

이제는 자취를 감추고 있는 가정용 VTR의 개발에 자신의 정열을 쏟았던 일본 빅터의 산업 전사 이야기입니다.

정년 몇 년을 앞두지 않고 파견된 사업소에서 정리 해고를 해야 했던 고졸 출신의 기술자가 부하 직원을 살리기 위해 새로운 가정용 VTR을 개발하고 그 규격을 전 세계 통일 규격으로 만들기까지의 과정을 그린 영화입니다.

실화를 토대로 감동적인 영화로 만든 허구입니다.

몇 번이나 눈물을 흘리며 보았습니다.

아래도급 업체의 우수한 기술이 있기에 완성품을 만들 수 있다며 지역 중소기업을 응원하며 이루어 낸 인간 승리였습니다.

한 사람의 정열이 주위의 사람에게 영향력을 끼치고 결국은 위대한 과업을 이루어내는 과정을 보면서 오래간만에 감동했습니다.

이제는 그들이 그토록 힘들게 개발하여 전 세계에 보급되었던 비디오 자체가 점점 자취를 감추어 가고 있습니다.

비디오 기기를 생산하지도 않고 판매하지도 않습니다.

비디오 대여점은 디브이디 대여점으로 전환되어 VHS라는 단어는 추억 속에 사라져 가고 있습니다.

그러나 정말로 오랫동안 비디오를 애용했고 지금도 망가진 비디오 기기 때문에 녹화해둔 비디오테이프를 재생할 수 없어 안타까워하고 있는 저는 전혀 몰랐던 영상 산업의 역사의 한 페이지를 보며 우리가 알지 못하는 곳에서 수고하는 사람들의 수고와 노력에 다시 한번 감사했습니다.

지금도 기피 업종에 종사하며 매일매일 더 좋은 물건을 생산하기 위해 땀 흘려 수고하는 사람들, 어쩌면 위험을 감수하며 자신이 맡겨진 일에 몰두하고 있는 많은 사람이 있어 우리는 더 편안한 삶을 살아가고 있습니다.

역사의 뒤안길에서 이름조차 기억되지 않고 수고한 사람들의 땀과 노고에 정말로 깊은 감사를 드리고 싶습니다.

굿바이

오쿠리비토라는 일본 영화를 보았습니다.
한국에서는 굿바이라는 제목으로 개봉되었다고 합니다.
오케스트라의 첼로 주자였던 남주인공은 악단이 해체되면서 부모님의 고향으로 돌아옵니다.
어머니가 돌아가시며 남겨주신 집에서 살며 취직한 곳이 장의사의 아래도급 업체에서 시체를 염하는 일이었습니다.
그럴듯한 광고문 안 때문에 여행사 직원 모집이라고 오해하여 찾아갔다가 고민과 갈등 끝에 납관사라는 일을 계속하게 됩니다.
고향 친구며 아내마저 그런 일을 하지 말라며 비판하며 무시하지만, 그는 시체를 엄숙하게 보내는 마지막 일에 자부심을 가지며 그 일을 계속합니다.
예전에는 늙어서 죽어가는 사람들의 모습을 집에서 가족들이 볼 수가 있었습니다.
그러나 요즘은 병원으로 실려 가서 최후의 모습을 볼 수가 없습니다.
마더 테레사는 길거리에서 병들어 죽어가는 사람들의 모습이 너무 안타까워 인도에 가서 최후라도 엄숙하게 존중을 받으며 죽게 하고자 봉사하다 세상을 떠났습니다.

사고로 병으로 나이 들어 때로는 자살하거나 혼자 살다가 죽음을 맞이하여 발견이 늦어진 사람 등 이런저런 모습으로 죽어가는 사람들이 있습니다.

그런 사람들을 참으로 엄숙하고 절도있게 보내는 사람의 이야기를 화면을 통해 보며 참 여러 가지 생각을 했습니다.

단지 돈벌이의 최고의 수단으로 변해버린 죽음이란 장사를 이처럼 예술로 승화시킨 영화에 박수를 보내고 싶습니다.

일본인은 드라마, 영화 등 어떤 것도 철학처럼 만들어 버린다는 말을 들었습니다.

그 말을 실감하며 보았습니다.

물질 숭배로 인해 인간의 가치가 너무나 떨어졌습니다.

그런 사회에서 영혼이 떠난 시체까지도 그런 엄숙한 과정을 통해 인간에 대한 존엄을 보며 감동하였습니다.

시간 나실 때면 한 번 감상하길 추천합니다.

24개의 눈동자

저녁에 어떤 민영 방송사에서 하는 24개의 눈동자
라는 일본 영화를 보기 바란다는 내용이었습니다.
언제나 감동을 찾는 것 같기에 추천한다고 합니
다.
매년 8월만 되면 일본에서는 텔레비전 방송국마다
전쟁에 관한 영화를 방영합니다.
때로는 전쟁에 반대하는 반전 영화를 때로는 전쟁
에 패한 일본을 옹호하는 내용도 있습니다.
오래전 반디의 무덤이라는 애니메이션 영화를 일
본에서 보았습니다.
그 애니메이션 영화를 보며 금지된 장난이라는 프
랑스 영화를 떠올렸습니다 .
어른이 일으킨 전쟁 때문에 겪어야 하는 어린아이
의 슬픔과 고통을 보며 전쟁은 정녕 일어나지 않
기를 바라는 마음입니다.
섬 분교의 선생으로 부임한 여선생과 12명 제자의
삶이 전쟁이라는 역사의 물결 속에 어떻게 변화되
어 가는가를 잔잔하게 그리고 있습니다.
꽤 오래전에 만들어졌던 흑백 영화를 색채 영화로
다시 만들었습니다.
영화는 아직 핸드폰, 텔레비전, 게임이 없었던 시

절 때 묻지 않은 순수한 마음과 맑은 눈동자를 가진 12명 아이와 그들을 사랑한 여선생의 잊을 수 없는 아름다운 추억과 슬픔의 순간을 그려갑니다. 전쟁은 아무리 거창하고 숭고한 목적을 가졌다 해도 결국 승자 없는 패자만이 남는 경기와 같습니다. 전쟁이 쓸고 간 자리에는 죽음과 허무와 절망과 고통과 슬픔만이 존재합니다.

무고하게 흘린 피로 결국 땅마저 저주를 받게 되고 그 피의 대가를 누군가는 지급해야만 합니다.

집 근처 전철역에서는 핵전쟁에 반대하는 단체의 회원들이 핵 반대 안내 전단을 행인들에게 전달해 주고 있었습니다.

한국으로는 광복절, 빛을 찾은 날이 일본인들에게는 패전일이 되었습니다.

나가사키, 히로시마의 원폭 피해자는 지금도 고통 속에 살아가고 있습니다 .

전쟁은 끝없이 지워지지 않는 슬픔과 흔적을 사람들의 기억 속에 남깁니다.

지금도 이 지구상의 어디에선가는 총과 무기를 들고 인간이 인간을 살해하고 증오하며 대치하고 있습니다.

누구도 행복해질 수 없는 전쟁이란 어리석은 게임이 다시는 땅을 더럽히고 사람들을 나락으로 절망으로 빠지지 않길 기도합니다.

네가 춤추는 여름

[네가 춤추는 여름]으로 번역되는 일본 영화는 요 사코이 마쯔리가 열리는 토사 현을 배경으로 소아 암에 걸린 어린 소녀의 꿈을 이루기 위해 분투하 는 주위 사람들의 이야기입니다.

발병해서 5년을 넘긴 아이가 없다는 난치 소아암 에 걸린 어린 소녀가 맞은 5년째 여름, 소녀의 꿈 은 요사코이 마쯔리에 참가하여 춤을 추는 것이었 습니다.

몇 명에서 몇십 명이 한 팀이 되어 음악에 맞춰 춤을 추는 마쯔리는 몇 시간 동안 교통 통제가 된 대로를 춤을 추며 행진을 해야 합니다.

암 투병 중의 소녀에게는 무리라는 의사의 만류와 권고에도 불구하고 소녀의 언니는 어쩌면 마지막 이 될지도 모르는 어린 여동생을 위해 그 꿈을 이 루어 주기 위해 주위 사람들의 협력을 부탁합니 다.

죽음을 앞둔 소녀의 꿈과 그 꿈을 이루기 위해 보 이는 노력하는 주위 사람들의 사랑은 보는 사람들 의 마음을 애잔하게 합니다.

그러기에 지역 활성화를 꿈꾸는 사람들이 그런 주 제를 가지고 영화를 촬영하는지도 모르겠습니다.

위암 진단을 받으러 갔다가 쓸개와 간이 안 좋다는 결과를 듣고 현재 약을 먹고 있습니다.

누구나 언젠가는 맞이해야 할 죽음, 그렇지만 그 죽음의 시간을 누구도 알 수 없습니다.

그러나 교도소에서 병원에서 시한부 인생을 살아가는 사람들이 있습니다.

사형 집행을 기다리는 사형수들이, 여명 몇 년 몇 개월을 선고받은 환자들입니다.

병원 침대에서 누워 치료를 받으며 죽음을 기다리는 어린 소녀가 자신의 꿈을 이루기 위해 약해지는 체력과 싸우며 노력해 가는 모습이 마음을 아프게 했습니다.

죽음의 병상에서 간절히 원했던 소녀의 꿈,

어떤 사람에게는 매년 으레 스쳐 지나가는 행사에 불과했을 그 마쯔리가 누군가에게는 어쩌면 두 번 다시 볼 수 없는 순간이 될 수도 있다는 사실을 깨달으며 지금 현재 내게 주어진 환경과 삶에 감사하고 있습니다.

이루고 싶은 꿈이 있기에 사람들은 자신의 삶에 더 충실하고 노력해 갈 수 있습니다.

그냥 무기력하게 하루하루를 보내는 삶은 어쩌면 허락되지 않은 시간 때문에 안타까워하는 사람들에겐 얼마나 사치로 보일는지……

우정

해바라기가 꽃을 피우고 열매를 맺어 가는 여름, 방학을 맞이한 중고교생들은 동아리 활동 때문에 분주한 나날을 보내고 있을 것입니다.

미국에서 실제로 있었던 실화를 일본의 실정에 맞게 각색하여 만든 영화 우정을 보았습니다.

백혈병을 앓는 동급생에 대한 학급 아이들의 사랑과 우정의 이야기는 나도 모르게 무릎 위에 떨어진 눈물방울을 훔치며 본 영화입니다.

항암제 투여로 머리가 빠져 버린 동급생을 위해 남, 여 동급생들이 머리를 빡빡 깎고 등장하는 장면은 참으로 가슴이 아프고 감동적이었습니다.

십 대의 중반에서 세상을 떠난 그 소녀에게는 영원히 잊을 수 없는 아름다운 여름방학이었습니다.

친구들의 사랑과 선생님과 주위 사람들의 배려와 관심과 격려 속에 보낸 순간순간들이 화면 가득히 펼쳐지면서 삶과 죽음, 우정과 사랑에 대해 생각해 보았습니다.

내년에도 아름다운 코스모스 꽃밭을 볼 수 있겠냐며 말꼬리를 흐렸던 소녀의 소원은 이루어지지 못했습니다.

소년 H

제2차 세계 대전이 끝나기 4년 전부터 고오베에서 시작되는 영화 내용은 양복점을 하면서 평화롭던 생활을 하던 한 크리스천 가족이 전쟁을 겪으면서 느끼는 슬픔과 상처 그리고 전쟁의 허무를 전달하는 반전 영화입니다.

신앙을 가지고 힘든 상황에서도 삶에 반영하는 어머니와 전쟁이 남기고 간 가치관의 붕괴와 현실에 고뇌하는 아버지의 모습들 보며 또 다른 고뇌에 빠지는 소년 H...

초등학생 고학년에서 중학생까지의 4년 동안 그가 보낸 격동의 세월과 전쟁이란 불청객으로 인해 힘이 없는 국민이 전쟁에 말려 들어가면서 겪게 되는 광란의 소용돌이는 그 모든 것이 끝나고 난 뒤에 남는 것은 허탈감과 허무의 늪입니다.

전쟁은 결국 죽음과 파멸과 남겨진 사람들에게 잊을 수 없는 상처와 슬픔을 남길 뿐입니다.

지금도 여전히 남과 북으로 나누어져 팽팽한 긴장 속에 대치하고 있는 우리나라를 떠올립니다.

심판으로부터 올 슬픔과 절망만이 남는 전쟁이 또 한 번 우리나라를 파괴하지 않게 되길 진심으로 기도합니다.

돼지가 있던 교실

새로 부임한 초등학교에서 실험적으로 새끼 돼지를 키워보기로 했던 선생님이 있습니다.
그 실험에 동참했던 초등학생들은 생명에 대한 의식을 배우는 좋은 시간이 되었습니다.
돼지가 있던 교실이란 영화는 일본에서 실제로 있었던 실화를 영화로 재구성한 것입니다.
동물은 어떤 상황에서도 배가 부르면 절대로 과식을 하지 않는다고 합니다.
그렇지만 인간만이 유일하게 과식을 한다고 들었습니다.
지구의 한 편에서는 먹을 것이 없어 굶어 죽어가는 사람들이 있는가 하면 또 한 편에서는 너무 먹어서 비만으로 병들어 가는 사람들이 있습니다.
한 마리의 새끼 돼지를 길러 잡아먹는다는 실험에 참여했던 초등학생들은 매일매일 무심코 대했던 식탁 위의 고기의 의미를 생각하게 됩니다.
이름까지 지어서 정성 들여 키운 새끼 돼지를 차마 잡아먹을 수 없기에 결국 식육 센터로 보내는 것으로 영화는 끝납니다.

간츠

저녁 시간 우연히 보게 된 이 영화는 너무나 긴박
하고 빠른 전개로 지루할 틈이 없었습니다.
오락 게임이 등장하고 나서 지금까지 사람들을 끝
없이 유혹하는 게 게임의 세계입니다.
전철 안에서 대기실에서 공원 등에서 언제 어디서
나 사람들은 다른 사람들의 눈을 의식하지 않고
자신만의 세계에 빠져 있습니다.
폭력에 익숙해져 가는 사람들에게 있어 그 폭력의
강도는 점점 더 강해져 갈 수밖에 없습니다.
그리고 그런 욕구가 점점 더 강해질 때 게임의 세
계에서의 대리 만족이 아닌 때로는 현실에서도 그
욕구를 해소하길 원하게 됩니다.
정해진 시간에 살아남기 위해서 임무로 주어진 어
떤 생명체와 벌이는 살인 게임은 어쩌면 게임의
세계에서 만족하지 못한 사람이 그려내는 현실인
지도 모르겠습니다.
게임 중독에 의한 현실에서의 살인이 심심치 않게
벌어지고 있는 지금 만화나 영화 소설로 만족하지
못한 누군가가 그려낸 가상의 세계가 아주 섬뜩하
게 느껴집니다.

스테레오 퓨처

연기 지망생 주인공과 통역일 하는 여주인공의 사랑 이야기를 주축으로 환경 오염에 대한 메시지와 꿈을 좇는 것의 의미 등의 이야기가 전개되었습니다. 계면 활성제로 만들어진 샴푸나 세제들이 강으로 바다로 흘러 들어가 결국은 환경을 파괴하고 오염시켜 갑니다. 석유 제품으로 만들어져 분해되지 않기 때문입니다.

그렇지만 환경 보호를 목소리 높여 외칠 수 없는 환경이 있습니다. 거기에는 막대한 광고료를 제공하는 광고주의 입김 때문입니다.

연기자의 꿈을 버리지 못하고 있던 남주인공의 갈등과 고뇌를 보며 생계유지와 자신의 꿈이라는 두 갈림길에서 방황하고 있는 또 다른 한국의 연기 지망생이나 스타 지망생들을 떠올렸습니다.

그들에게 있어서 언제까지 꿈을 좇아 자신의 현재의 삶을 희생해야 하는지는 참으로 어려운 선택의 나날이겠지요?

환경 보호와 꿈에 대해 그린 이 영화는 조금은 무거운 주제를 그런대로 그다지 지루하지 않게 그려낸 영화라고 여겨집니다.

게임

마이클 더글러스가 출연한 더 게임이라는 미국 영화가 있었습니다. 손에 땀을 쥐게 하는 박진감과 극적인 반전이 너무나 인상적이었던 영화였습니다. 그 이후로 반전에 반전을 더한 영화들이 자주 등장하고 있습니다.

히가시노 게이고라는 작가의 작품을 영화로 만든 일본 영화 게임도 반전에 반전이 계속되는 영화입니다.

오락 게임이 일반화되면서 게임이라는 말이며 경기 끝이라는 말이 정착되어 가는 느낌입니다.

유괴를 계획하고 몸값을 요구하는 일련의 과정과 계획을 게임처럼 여기며 즐기는 주인공의 모습 속에서 엘리트의 길 성공자의 길을 걷는 사람들이 무의식중에 갖게 되는 교만과 승리욕을 봅니다.

상대방의 반응을 예상하고 또 계산하여 움직여가는 이런 행동들을 보며 머리가 좋은 사람들은 역시 대단하다는 생각까지 합니다.

그런 점에서는 머리가 좋으면서 인격적으로 사람이 되지 않으면 얼마나 큰 범죄를 저지를 수 있는지 두려워집니다. 지루하지 않고 속도감 있게 전개되는 두뇌 싸움이 어쨌든 재미있습니다.

내일의 죠우

불행한 가정환경으로 전과자의 길을 걸었던 남자가 권투와의 만남, 그리고 평생의 숙적과의 우정을 통해 새로운 삶을 걷게 되는 과정을 그린 영화입니다.

특히 인상에 남는 것은 죠우와의 권투 시합을 하기 위해 체급을 낮추기 위해 목숨을 거는 체중 감량을 감행하는 권투 선수를 보며 무엇이 저토록 저 남자를 사로잡는지 궁금해졌습니다.

남자들의 세계에서 누군가를 경쟁 상대로 삼고 그를 이기고 싶어지는 투쟁심에 불탈 때면 그토록 집착하게 되나 의문을 품었습니다.

하루 먹고 살기에도 힘든 빈민가 사람들이 죠우라는 같은 출신 권투 선수의 시합을 보며 대리 만족과 희망을 얻어 가는 모습 속에서 잊혀져 간 과거의 우리나라를 떠올리기도 했습니다.

아무리 노력하고 발버둥 쳐도 생활이며 인생이 나아지지 않을 때 사람은 현실에 안주하고 희망을 품는 것조차 포기하게 됩니다.

그러나 그런 현실을 타파할 수 있는 꿈을 누군가가 제시하고 그 꿈을 향해 나아갈 때 사람들은 자신도 할 수 있다는 꿈을 꾸게 되는지도 모릅니다.

자살 매뉴얼

네 명 중 한 명꼴로 우울증 환자가 있고 몇 년째 집 밖으로 나가지 않고 자기 방에 틀어박혀 살아가는 현실 도피형 사람이 증가하고 1년에 3만 명 이상의 자살자를 기록하고 있는 나라가 일본입니다.
외부의 압력에 의해 정부 차원에서도 자살 방지를 위한 움직임이 시작되었지만 텔레비전이나 영화는 그런 움직임과는 반대 방향을 지향하는 느낌입니다.
하늘에서 내리는 1억 개의 별이라는 드라마며 작년에 폭발적인 인기를 끈 한자와 나오키라는 드라마 등에서 왜 그렇게 자살 장면을 반복해서 방영하는지 방송국에서 자살을 조장하는 것은 아닌지에 대한 의문까지 품었습니다.
성공하기 위한 자살법과 실패에 따른 부작용까지 자살을 생각하고 떠올리고 있는 사람들에게는 대단히 유익하고 참고가 되는 내용이다는 생각을 하며 보았습니다.
중간 부분부터는 거의 공포 비슷한 수준으로 바뀌지만 정말로 자살은 악한 영에 의한 영향이 아주 크기에 공감이 되기도 했습니다.

노란 코끼리

살아가면서 겪게 되는 이런저런 우여곡절 끝에 사람들은 자신을 지키기 위해 견디기 힘든 기억들을 스스로 지워가나 봅니다.

너무나 힘들과 괴로운 기억이 자신을 파괴할 위험이 있을 때 의식적으로 그 기억을 차단하는지도 모릅니다.

인생에 있어서 너무나 우울하고 힘들었던 절망의 터널을 지나가면서 힘들었던 많은 기억이 잊혀 갔습니다.

그와 함께 기억하고 싶었던 행복했던 기억까지 지워졌기에 안타까운 마음입니다.

그렇지만 과거를 잊고 살기에 새로운 현재를 살아갈 수 있습니다. 신이 우리에게 허락한 어쩌면 또 다른 축복인지도 모릅니다.

사랑하는 사람의 죽음을 잊지 못하고 그 기억 속에 멈춰버린 시간을 사는 사람들의 이야기를 그린 영화입니다.

딸의 죽음을 인정하지 못하고 끝없이 괴로워하는 한 여인과 또 한 남자의 이야기 속에 잊히지 않는 기억이 누군가에게는 보이지 않는 우리나 독방처럼 느껴졌습니다.

가치 보이

한국어로 검색하니 가치 보이라는 제목으로 번역되었습니다. 번역되는 외국 영화의 제목을 볼 때마다 느끼는 것이지만 번역 계의 한국어 실력은 점점 더 떨어지고 있나 봅니다.

예전에는 외국 영화 내용에 걸맞은 멋있는 한국 제목을 달아서 영화를 상영했는데 이제는 그냥 영어며 일본어를 한국어로 표기할 뿐입니다.

이 일본 영화는 한국에서 상영이 되었나 궁금해집니다.

지금은 다른 스포츠에 밀려 인기를 잃어가고 있는 대학 동아리 레슬링부에 천재라고 불리었던 한 법학도가 들어오면서 이야기는 전개되어 갑니다.

매일매일 연습을 해도 제대로 기억을 하지 못 하고 매번 듣는 썰렁한 농담을 처음 듣는 것처럼 웃어주는 그에게는 슬픈 비밀이 있었습니다.

불의의 사고로 한순간에 기억 장애가 있는 장애인이 되어버린 것입니다.

영화 메멘토며 제목이 기억나지 않는 또 다른 몇 편의 영화도 기억 장애가 있는 사람들의 이야기를 다루고 있습니다.

기억하지 못하기에 중요한 일들을 하나하나 사진

으로 또는 메모와 노트에 기록해야 하는 삶은 상상이 되지 않습니다.

그것은 어쩌면 치매에 걸린 어떤 노인의 이야기처럼 하루하루가 새로운 삶일지도 모르겠다는 생각을 해 봅니다.

기억이 남아 있는 사람에게는 지겹도록 느껴지는 어떤 사실들이 그에게는 언제나 새삼스럽고 신선한 사실이기에 하루하루가 새로운 시작입니다.

사고 후 가족들에게 짐만 되는 인생이라고 여겼던 청년이 관심을 가졌던 레슬링을 통해 기쁨을 되찾아가는 과정에 눈물 흘리며 보았습니다.

이런 영화나 드라마를 볼 때마다 느끼는 것이지만 당연한 것처럼 여기던 행동이나 삶이 영속될 수 있다는 것만으로도 우리는 참으로 하나님께 감사하며 살아야 할 것입니다.

그 모든 것이 한순간의 작은 사고로 당연한 것이 아닌 절실히 원하는 것으로 바뀌게 되기 때문입니다.

지금 이 순간에도 그런 작은 기적을 바라며 살아가고 있는 사람들이 절망의 순간에도 무언가 삶의 기쁨이 되는 것을 발견하고 희망찬 하루하루를 살아가게 되길 바라는 마음입니다.

그렇게 아버지가 된다

정상적인 부부 관계가 아닌 불륜과 사생아 그리고 출생의 비밀이 그려지지 않는 드라마를 찾기가 힘들어지고 있습니다.

어쩌면 내게도 부자 아버지가 있지는 않겠냐는 헛된 소망을 부추기는 드라마 속 영향을 반영하듯이 비밀리에 유전자 검사를 하는 사람들이 있다고 들었습니다.

그리고 놀랍게도 그중에는 정말로 친자가 아닌 검사 결과를 확인하는 사람들이 드러나고 있습니다.

그런 사람들은 과연 그 결과를 바라보며 어떤 생각을 할까요?

집에서 출산하던 과거에는 아이들이 바뀔 가능성은 아주 희박했습니다.

그런데 병원에서 출산하게 되면서 심심찮게 아이들이 바뀌는 일들이 발생하곤 했습니다.

드라마 가을 동화에서도 그것을 소재로 하고 있습니다.

일본 영화 [그렇게 아버지가 된다]라는 영화도 실수가 아닌 한 간호사의 뒤틀린 마음 때문에 바뀐 아이들 때문에 힘들어하는 두 부부의 이야기가 나옵니다.

6년 동안 친아들로 알고 기른 아이가 남의 아이라는 사실이 드러나면서 기른 정과 낳은 정 사이에서 고민하고 갈등하는 부모들의 모습이 잔잔하게 그려집니다.

영화를 보면서 여러 가지를 생각했지만, 특히 기억에 남는 것은 두 신생아를 바꿔치기한 간호사의 동기였습니다.

자신의 불행한 생활과는 너무 다르게 행복하게 보이는 산모를 질투하여 두 아이를 바꿔치기했다는 고백이었습니다.

묻지 마 살인이라는 기가 막힌 범죄가 가끔 일어나는 세상이 되었습니다.

뒤틀려진 마음이 일으키는 동기조차 없는 무차별 살인의 희생자가 된 사람들의 가족이나 피해자는 참으로 그 분노를 어디에 풀어야 할까요?

그처럼 자신과는 직접적인 관계가 없는 사람이 일으킨 범죄나 사고 때문에 전혀 상관이 없는 사람들이 휩쓸려 고통을 당하는 일이 발생합니다.

그런 일을 볼 때마다 자신만이 안락하고 행복하다는 것이 전혀 안전할 수 없다는 것을 느낍니다.

남의 불행이 남의 불행으로 끝나는 것이 아니라 돌고 돌아 자신에게 생각지도 않은 형태로 다가오는 것입니다.

리틀 디제이

일본 드라마는 남의 나라 이야기가 아닌 어쩌면 나의 이야기일 수도 있는 일반인들의 일상생활을 그대로 그리면서도 공감이 가고 감동을 주는 드라마가 많습니다.

가끔은 너무나 깔끔하여 조금은 건조하게도 느껴지는 내용 전개가 아쉬울 때도 있지만 군더더기 없고 시간도 별로 빼앗기지 않기에 좋은 점도 있습니다.

너무나 감정이 절제된 그들의 세계가 삭막할 때도 있지만 객관적으로 참 잘된 작품이 많아 부러워지기도 합니다.

리틀 디제이라는 일본 영화는 불치병에 걸린 소년을 주인공으로 감동과 눈물 그리고 삶과 죽음을 생각하게 하는 영화입니다.

사람들의 마음을 움직이게 하는 모든 요소를 잘 혼합시켜 어쩌면 지루하게 전개되었을 수도 있는 영화를 재미있게 만들었습니다.

학교생활과 좋아하는 야구에 빠져 아무런 근심 없이 학창 생활을 보내고 있던 한 소년에게 닥쳐온 투병 생활 그리고 8개월간의 병원 생활에서 발견한 사랑과 희망에 관한 이야기입니다.

고교 교사

드라마를 즐겨 보면서 이제는 재미있는 극본을 쓰는 작가의 이름을 유심히 보게 되었습니다.

이제는 드라마 극본이며 영화의 시나리오를 양성하는 전문 기관을 통해 작가들이 양성되는 사회가 되었기에 타고난 재능보다는 또 다른 요소가 많이 시청률이며 인기를 좌우하는 것도 같습니다.

몇 사람이 같이 머리를 맞대고 최대한 자극적이며 사람들의 시선을 빼앗는 흥미로운 사건 전개로 점점 더 드라마에서 눈을 떼지 못하게 합니다.

로맨스 통속극을 찾다가 유튜브에서 우연히 발견하여 보게 된 일본 드라마가 고교 교사입니다.

후지키 나오토가 주연한 드라마가 아닌 가라사와 도시아키가 출연한 영화입니다.

원작, 극본에 소개된 이름이 노지마 신지라는 이름을 기억하면서 이 작가는 참으로 우울하고 퇴폐적인 내용의 글을 쓴다고 인터넷 검색을 해 보았습니다.

그랬더니 의외로 내가 참 감동적으로 보았던 몇 편의 드라마도 이 작가의 작품이었습니다.

"장미 없는 꽃집", "아이구루시이-너무 예뻐", "101번째 프러포즈" 등등입니다.

재미있게 보았던 "별의 금화"라는 드라마도 이 작가의 작품이었다는 사실이 의외입니다.

"세기말의 시"라는 드라마가 왠지 너무나 마음을 심란하게 하고 가라앉게 하기에 처음으로 작가의 이름을 확인해 보았던 기억이 납니다.

이미지 검색으로 처음 보게 된 노지마 신지의 모습은 잘생긴 얼굴에 그늘이 서려서 우울질적인 성격이 드러나 있는 것 같습니다.

고교 교사라는 영화는 폭력적인 아버지 밑에서 자라다가 어린 시절 아버지의 폭력으로 인해 청력을 잃고 기숙사에서 살아가는 여고생과 럭비 시합 중 일어난 사고로 친한 친구가 식물인간이 된 것을 자책하며 삶에 대한 의욕을 잃고 무기력하게 살아가는 체육 교사의 만남과 비극적인 사랑의 결말을 그리고 있습니다.

방학이 되어도 갈 데가 없어서 기숙사에서 남아 있어야 하는 소녀를 교육한다는 명목으로 감시하며 괴롭히는 여사감의 모습 속에 약자 앞에서는 철저히 강하고 강자 앞에서는 비굴할 만치 행동하는 일본인의 어두운 면을 보는 느낌입니다.

한쪽 청력을 잃을 정도의 폭력을 감수하면서도 사랑하는 사람들이 자신의 곁을 떠나가는 것을 외롭게 바라보아야만 했던 소녀의 깊은 절망과 외로움은 같은 상실감을 맛보고 있던 선생의 마음을 사로잡습니다.

같은 상처를 앓는 사람들은 왠지 끌리게 되는 법칙이 작용하나 봅니다.

선생과 학생이라는 사회적인 금기마저도 무기력하게 살아가는 사람들에게는 아무런 장애가 되지 않습니다.

장미 없는 꽃집이며 긍정적이고 희망찬 분위기로 끌고 간 드라마를 쓸 수 있는 역량 있는 작가인 노지마 신지는 웬일인지 많은 드라마를 퇴폐적이고 허무하게 그리고 있어 조금 마음이 아픕니다.

어릴 적 상처와 아픔으로 인해 성장이 멈춰버린 어린아이가 똑같은 자극을 받을 때마다 그 시간으로 되돌아가는 슬픈 악순환을 보면서 참 마음이 아팠습니다.

사랑과 위로로 그 상처를 치유하지 못하고 죽음으로 인생을 마감하는 영화의 마무리가 오랫동안 우울하게 기억에 남아 있습니다.

상처를 받은 자가 그 상처로 인해 결국 범죄자로 전락하고 귀하게 얻은 생명을 펴보지도 못하고 죽어야 한다면 그 잘못은 본인에게도 있겠지만 필요로 하는 도움의 손길을 건네지 않았던 주위의 사람들도 조금은 그 책임을 느껴야 할 것입니다.

오늘도 누군가 절망 속에서 자신의 생명을 스스로 끊고 있을지도 모릅니다.

그때는 그에게 안부 전해줘

한국에서는 "눈물이 주룩주룩"이라는 제목으로 방영된(?) 영화에 출연했던 나가사와 마사미주연의 연애 영화입니다.

13년 전에 친하게 지냈던 세 친구의 재회와 사랑 이야기입니다.

여주인공인 카린은 병이 깊어지면서 오래전 헤어졌던 첫사랑을 찾아옵니다.

이 영화에 그려지는 병이 잠이 깊이 들면 깨어나지 못하는 병입니다.

불면증으로 고생하는 사람들은 본 기억이 있지만 정말로 이런 병이 있나 궁금해집니다.

우리에게 있어서 꿈속에서 일어나는 일은 잠에서 깨어난다는 조건으로만 꿈이 될 수 있습니다.

가위에 눌리고 신음을 하며 괴로워할 때 주위 사람들은 그 사람이 꿈을 꾼다는 것을 알지만 본인에게 있어 그것은 절대로 부정할 수 없는 현실입니다.

그 꿈에서 깨어나지 못하면 그는 그 상황에서 절대로 헤어나지 못합니다.

대부분 꿈이 시간과 함께 금방 잊혀 가고 기억 속에 남지 않습니다.

그러나 어떤 꿈은 너무나 생생해서 세월이 지나가도 잊히지 않습니다.

꽤 오래전에 꾼 몇 편의 꿈들은 지금도 기억 속에 생생히 남아 있습니다.

그중의 한 편이 지옥 속에서 구출되어 그 감격에 너무나 통곡하며 울었는데 깨어나 보니 베개가 흥건히 젖어 있던 기억입니다.

꿈속의 사실이 너무나 생생하여 현실까지도 영향을 끼치는 것을 보고 참으로 신기하고 잊히지 않은 꿈입니다.

교통사고를 당하거나 어떤 일로 혼수상태에 빠져서 의식이 돌아오지 않을 때 그 무의식 상태에서 꿈으로 누군가를 만나 다시 돌아가라는 말을 듣고 깨어났다는 이야기를 전해 듣습니다.

시설에서 자라며 부모를 그리워하는 여자아이와 자신을 버리고 간 엄마를 그리워하는 남자아이 그리고 부모님의 사랑을 받으며 사는 전학 온 남자아이 어렸을 적 행복했던 기억과 첫사랑이 그려지는 아름다운 영화입니다.

영화의 마지막은 결국 행복한 결말로 끝을 보았지만 정말로 이런 병이 있는지도 의문스럽고 몇 년 동안 의식이 없이 침대에 드러누워 있던 사람의 재활 치료는 어떻게 될까 등등 현실적인 질문이 머릿속을 감돌던 영화이기도 합니다.

우드잡

가까운 곳에 있는 산에 쉽게 오를 수 있는 한국 사람들에게 너무나 빽빽이 들어서 있어 하늘이 보이지 않을 정도의 일본의 삼림에 놀라게 됩니다.

아름드리 나무들이 수 미터에서 수십 미터까지 산을 지키고 있습니다.

낮에도 무성한 나뭇가지로 빛이 들어오지 않을 정도의 산에 감히 들어서기가 무서워질 정도입니다.

평지보다 산지가 더 많고 비슷한 시기에 전쟁을 겪은 두 나라의 현재의 모습은 식수 사업에서도 확연히 다르기에 안타까운 마음이 앞섭니다.

6.25사변보다 더 심하게 전쟁의 피해를 본 일본 땅은 왜 이렇게나 산과 나무 관리를 잘 하고 있을까요?

미우라 시온의 원작 소설을 영화로 만들었다고 합니다. 한국어로는 "가무사리숲의 느긋한 나날"로 이름 지어졌습니다.

일자리를 찾아 젊은 일손이 도시로 몰려드는 현재에 농촌이나 산, 어촌은 닦아온 경험과 기술을 전수할 후계자가 없어 고민하고 있습니다.

그런 현실을 반영하면서 미래를 위해서 누군가는 해야 하는 산림 관리에 대한 필요성도 전하는 영화였습니다.

대학 수험에도 떨어지고 여자 친구와도 헤어지게 된 히라노 유키라는 농촌 생활을 전혀 모르는 도시인의 전형인 청년이 포스터에 실린 미인에 끌려 산림 관리인을 양성하는 연수 프로그램에 응모합니다.

그가 내린 역은 핸드폰도 터지지 않은 심심산골에 하루에 몇 번 운행되지 않은 기차와 주위에 보이는 것은 빽빽이 우거진 나무숲뿐입니다.

연수받는 과정에서도 탈락하는 사람들이 늘어나고 익숙지 않은 산골 생활에 벌어지는 그의 행동 하나하나가 폭소를 자아내게 합니다.

그런 그가 연수 기간을 끝까지 마치고 산골 생활에 남아서 후손에게 물려 줄 산림의 관리를 하게 되리라고는 마을 사람들도 반신반의하며 크게 기대하지 않습니다.

그렇지만 힘들기만 했던 과정을 하나하나 헤쳐나가게 되면서 진정한 산사람이 되어가는 과정이 재미와 감동과 함께 그려진 마음이 따뜻해지는 영화입니다.

이 영화를 보면서 지금 당장에 눈에 보이는 이익보다는 자신이 이 세상을 떠난 후에 그 열매를 따게 되는 사람들을 위해 수고하는 그들의 모습에 많이 감동했습니다.

짧게는 수십 년 길게는 수백 년 성장을 기다려야 하는 나무를 가꾸며 손질하면서 자신의 후손들을 위해 힘든 과정을 묵묵히 해 나간 사람들이 있기에 지금의 일본이 있음을 깨닫고 있습니다.

"어린 왕자"를 시작으로 여러 편의 어른을 위한 동화를 좋아합니다.

"책상은 책상이다." "꽃들에게 희망을""모모""아낌없이 주는 나무" "나의 라임 오렌지 나무", "나무를 심은 사람" 등등….

"우드잡"을 보면서 장 지오노의 짧은 단편 소설 "나무를 심은 사람"을 떠올리고 있습니다.

불모지로 변해버린 땅에 아무런 대가와 보답을 기대하지 않고 도토리나무를 심어간 사람이 있습니다.

그가 심어간 나무의 결실을 그는 누릴 수도 없었지만 그는 매일매일 묵묵히 그 일을 해 나갔습니다. 그리고 세월이 흘러 황무지는 무성한 나무숲으로 변했습니다.

언제 읽어도 감동을 주는 이 책은 아무런 대가를 바라지 않고 이 세상을 좋게 하려고 행한 그의 삶이 너무나 숭고하기 때문입니다.

그와 같은 생각을 가지고 행동하는 사람이 많지 않기 때문입니다.

변신

녹화된 방송 프로그램으로 쌓여만 가는 외장 하드를 정리하다 보게 된 영화가 타마키 히로시와 아오이 유우가 출연한 "변신"이라는 작품입니다.

일본에 와서 아직 일본어가 서투르던 시기에 좋아하는 책도 읽고 일본어를 익힌다는 명목으로 도서관에서 자주 빌려서 읽었던 책이 아카가와 지로우의 소설입니다.

몇 년 동안 그가 쓴 가볍고 쉬운 문체의 연애 소설과 추리 소설 등에 빠져 있다가 싫증이 나서 이제는 소설류는 거의 읽지 않고 대부분 실용서며 교양서적에 집중하고 있습니다.

즐겨 읽는 책의 저자는 노구치 유키오 교수며 와다 히데키와 모기 켄이치로우입니다.

학습법이며 뇌 의학에 관한 책이 많습니다.

일본인 작가는 고미카와 쥰페이에서 시작하여 미우라 아야코, 아카가와 지로우에서 머물러 있었는데 일본 드라마 "백야행", "유성의 인연", 영화 "비밀", "기린의 날개" "한여름의 방정식", "게임"을 보면서 새로 흥미를 갖게 된 작가가 히가시노 게이고입니다.

범인을 잡기 위해 펼쳐가는 논리적이고 분석적이

며 관찰력과 과학적 지식이 토대가 되는 그의 추리 소설은 참으로 놀랍습니다.

그가 계속 발표한 작품 중에 몇 편은 드라마화되고 영화화되어 대부분 흥행에 성공한 소설가입니다.

영화화된 작품으로 5번째로 보게 된 영화가 "변신"입니다.

타마키 히로시라는 배우가 뇌 이식으로 인격이 변화되어 가는 비극의 주인공을 연기합니다.

타마키 히로시가 출연한 영화로는 "다만 널 사랑하고 있어"라는 제목으로 소개된 슬픈 사랑 이야기가 기억이 남아 있습니다.

병이 들면 약에 의존하다 결국 죽어야 했던 과거의 조상들 삶과는 달리 의학의 발달로 이제는 장기 이식을 통해 두 번째 삶을 살 수 있게 되었습니다.

이제는 거대한 장기 매매 시장이 생길 정도로 정착되어 버린 세계에서 뇌 이식은 어느 정도까지 진행되고 있는지 잘 알 수 없습니다.

그러나 심장을 이식한 사람이 기호며 취향이 바뀌고 예전의 자신의 삶이며 성격과 다른 부분을 경험하는 사례를 읽은 기억이 있습니다.

뇌를 이식한 사람은 과연 어떻게 변하게 될까 하는 작가의 의문이 발달하여가면서 쓰게 된 소설이

"변신"이라고 합니다.

그림 그리기를 좋아하고 화구상에서 근무하는 아가씨를 짝사랑하면서도 용기 내 고백을 못 하던 내성적이고 소심한 회사원이 어느 날 범죄 현장에서 사고를 당하게 됩니다.

어린 소녀를 구하기 위해 대신 머리에 총알에 맞게 되어 위험한 상태에 빠졌지만, 다행스럽게 뇌 이식을 통해 새로운 삶을 살게 됩니다.

그러나 그 인생은 원래의 자신의 인격이 점점 소멸하여 가면서 전혀 다른 사람으로 변모되어 갑니다.

자신의 존재가 완전히 다른 사람의 인격으로 지배당하게 되기 전에 그가 선택한 슬픈 결말이 참 가슴 아픕니다.

각자에게 주어진 생명의 기간을 우리는 전혀 알 수 없습니다.

자신에게 다가온 죽음을 겸허한 마음으로 받아들이고 남겨진 시간을 정말로 후회가 남지 않을 시간으로 채워나가는 삶의 자세가 필요하지 않을까요?

추리닝의 두 사람

7시간 가까이 도심의 거리를 걷고 돌아온 날 피곤을 풀기 위해 목욕을 하고 차분히 본 영화가 "추리닝의 두 사람"입니다.

"한자와 나오키"라는 드라마로 그 이름을 알게 되고 기억에 남게 된 배우 사카이 마사토가 출연한 영화입니다.

그가 출연한 영화를 검색해 보니 "츠레가 우울증에 걸려서","남극의 쉐프", "허니와 클로버", 드라마로는 "한자와 나오키","조커 용서받지 못할 수사관", "비밀의 화원"을 봤지만 어떤 역이었는지도 기억하지 못할 정도입니다.

동경에서는 35도가 넘는 폭서가 계속되는 여름 기타가루이자와의 별장에 와서 지내게 된 부자의 모습을 카메라는 담고 있습니다.

반 팔로도 흘러내리는 땀을 주체하지 못 하는 도심과는 반대로 추위를 견디기 위해 두 부자는 할머니가 입다가 남겨 놓은 츄리닝을 입고 생활하게 됩니다.

전파를 잡기가 힘들어 벌어지는 오해며 산속에서 길을 잃어 헤매는 모습 등이 폭소를 자아내게 합니다.

퍼머넌트 노바라(들장미 미용실)

퇴락된 작은 어촌 마을을 배경으로 그곳을 떠나지 못하고 살면서 사랑을 찾아 연연해 하고 남자들의 행동으로 웃고 우는 아낙네들의 이야기가 우울하고 가슴앓이게 그려집니다.

바람만 피우는 남자 때문에 목숨을 거는 여자, 집을 나가서 다른 여자와 사는 남자를 계속 기다리는 여자, 첫사랑을 기억하지 못해 과거 속에 사는 여자, 불운한 사랑을 억지로 단념하는 여자 등등…….

이야기가 만들어지고 그것이 구전에서 소설로 이제는 영화로 만들어집니다.

그리고 대부분 소설이나 이야기에서 그려지는 주제는 사랑입니다. 특히 여자들이 가장 추구하는 것은 이성 간의 변하지 않는 사랑입니다.

들장미 미용실에 들러서 머리를 손질하고 채워지지 않는 사랑에 목말라하는 여자들의 서글픈 삶의 모습을 담담하게 그린 영화가 이 작품입니다.

여주인공의 친구가 남편이 남긴 파칭고의 유물을 땅에 묻으며 내뱉는 한탄이나 푸념과도 같은 고백이 너무 절실히 다가오며 가슴을 아프게 합니다.

사람들이 정말로 죽는 것은 남겨진 사람들의 기억

속에서 완전히 잊힐 때라며 남편을 정말로 자신의 기억 속에서 지워버리겠다는 슬픈 결단이 애처롭기만 합니다.

그녀의 말을 들으며 희극 "파랑새"를 떠올리고 있습니다.

나이 들어가면서 점점 오래된 인간관계가 하나씩 끊어져 가고 있습니다.

아버지가 오빠, 할머니, 어린 조카가 세상을 떠났습니다.

나이든 친척들이 한 사람 또 한 사람 두 번 다시 만날 수 없는 길을 떠났습니다.

육신이 땅에 묻히고 흐르는 세월 속에 그 기억이 퇴색되어 가고 완전히 잊힐 때 그들은 정말로 죽은 존재가 되겠지요?

누군가의 기억 속에 잊히지 않는 존재로 남아 있다면 어쩌면 그 사람은 이미 영원한 생명을 얻었는지도 모르겠다는 생각을 하고 있습니다.

그러나 그 기억을 가진 사람들이 떠나갈 때 그도 평안을 얻게 되겠지요?

일본 영화를 볼 때마다 느끼는 것이지만 일본인들이 그리는 영화는 왠지 마음을 우울하게 하는 영화가 많습니다.

그러나 동시에 삶을 진지하게 돌아보게 하는 면도 있습니다.

절창

야마구치 모모에와 미우라 도모카즈는 십여 편의 영화에 같이 출연하면서 사랑에 빠지고 결혼까지 했습니다.

지금까지 두 아들을 두고 여전히 잘 살아가고 있습니다.

연예인들이 드라마나 영화에 출연하면서 사랑에 빠지고 결혼하는 때도 있지만 매스컴을 떠들썩했던 그들이 몇 년 후 결국 이혼으로 끝나는 경우가 많았습니다.

그래서 연예인들의 연애 사건이며 결혼 소식이 들려오면 축하해 주는 마음과 함께 그들이 불행하게 끝나지 않길 기도하는 마음이 듭니다.

"절창"이라는 영화의 원제는 "絶唱"으로 오오에 겐지의 원작 소설을 영화화한 것입니다.

산간 지역의 대지주의 아들과 산지기의 딸의 비극적인 사랑 이야기입니다.

영화를 보고 나서 지금 도서관에서 책을 빌려와 읽고 있습니다.

아직 신분이며 계급 사회가 존재하고 자유연애가 일반화되지 않았던 시절, 돈 많은 아버지의 외동아들로 자랐지만 늘 외롭고 사랑에 굶주렸던 청년과 가난하지만 산속에서 자라난 너무나 순진하고 착한 소녀가 결국 인습과 전쟁이라는 장벽 앞에서 슬픈 운명을 맞이하게 되는 내용입니다.

세상이 악해지면서 흥부는 무능한 인물로 평가되고 놀부가 높게 평가되고 있습니다.

착하기만 한 사람이 주인공이 되는 영화나 드라마가 외면을 당하고 때로는 수단과 방법을 가리지 않고 악을 징벌하는 정의마저 조장되는 세상입니다.

"너무나 착하면 살아가기 어렵다"라며 순하고 착한 아이들을 걱정하는 어른들이 늘어갈 정도로 세상은 갈수록 악해져 가고 있습니다.

교육을 받고 인습의 벽을 깨치고 신분의 차가 없는 평등한 세상을 꿈꾸며 조금이나마 세상을 바꾸려 노력하는 남자 주인공의 행동이 오해받기도 하고 제대로 받아들여지지도 않는 갈등과 고민이 그려져 있습니다.

전쟁 때문에 헤어져 지내면서도 오후 3시만 되면 같은 노래를 각자가 있는 곳에서 부르며 서로를 그리워하는 그들의 사랑이 너무나 가슴 저립니다.

전쟁을 일으킨 사람들은 전혀 전쟁으로 인한 고통을 겪지 않은 상태에서 애국이라는 명목 아래 젊은 목숨이 억지로 기쁨을 가장하며 전쟁터로 끌려가서 희생당해야 했습니다.

당시에는 전쟁에 반대한다는 저항조차 할 수 없었던 사회 분위기였습니다.

그리고 사람들은 운명을 하늘에 맡기고 하루하루를 보내야만 했습니다.

대지주인 아버지의 반대 때문에 맨몸으로 나와서 가난하지만 행복하게 생활하고 있던 두 연인을 이번에는 전쟁이 갈라놓습니다.

그리고 그 이별은 여주인공인 고유키가 결핵에 걸려서 죽게 되므로 인해 비극적인 결말을 맞이하게 됩니다.

지금도 전 세계에서 많은 사람이 사랑에 빠지고 그 사랑이 영원하길 꿈꿉니다.

그러나 그 소망을 이루며 살아가는 사람들은 그렇게 많지 않을 것입니다.

수많은 원인과 이유로 서로를 미워하게 되거나 슬프게 헤어진 사람도 있겠지요?

마음이 식어서 헤어지는 아픔도 크겠지만 사랑하면서도 어쩔 수 없이 헤어지고 그리워하면서도 결국 만나지 못하고 헤어져야 했던 이 둘의 사랑은 영화가 끝나고 나서도 한참 마음을 아프게 하고 있습니다.

마멀레이드 보이

같은 내용으로 만든 드라마가 출연자와 연출이며 편집에 따라 심지어 만든 나라가 달라지면서 전혀 다른 느낌과 흥을 줍니다.

하나의 작품이 배역이며 작가, 연출이며 편집 때문에 완성도가 전혀 달라집니다.

마멀레이드 보이는 요시즈미 와타루의 만화를 텔레비전 방송국에서 애니메이션으로 2018년 영화로 만들어졌습니다.

원작 만화를 읽은 적이 없고 우연히 유튜브에 올려진 애니메이션을 본 적이 있습니다.

즐겨 방문하는 드라마 사이트에 방문했다가 이 영화를 볼 기회가 있었습니다.

애니메이션을 보면서 상상해 본 남, 녀 주인공의 성격과 외모가 영화에서는 너무 차이가 나고 상영 시간이 지루하게 느껴질 정도여서 유감스럽게도 성공작이 되지는 못한 것 같습니다.

원작 소설의 독자들이 그 소설이 영화화될 때 걱정하고 영화 보기가 두려워진다는 느낌에 공감할 수 있을 것 같습니다. 영상이 아닌 활자를 보면서 머릿속에 그려지는 이미지는 사람마다 전혀 다를 수 있습니다.

리틀 포레스트

저출산 고령화 추세는 한국과 일본이 비슷한 상황입니다.

어쩌면 한국이 교육비 문제로 더 심각한지도 모르겠습니다.

시골에서의 인구 감소는 더욱 큰 문제로 초등학교가 사라지고 농업 인구가 줄면서 후계자 양성과 미래의 식량 문제에까지 번져가고 있는 사태를 빚고 있습니다.

지구온난화와 기상 이변, 잦은 지진과 자연재해로 인해 점점 더 농산물 수확이 줄어져 가는 상황에서 식량의 자급자족과 수자원 문제는 언젠가 전쟁을 잉태하는 요소이자 각국의 무기가 되어갈 것 같습니다.

그러나 아직 가격 경쟁으로 몰아붙이고 무역 협상으로 인해 수입에 의존하는 식량 구조는 농업 인구의 감소를 더욱더 가속해가고 있습니다.

과연 현재 농촌을 지키고 있는 고령 농업 인구가 세상을 떠나고 그 자리를 비우게 될 때 한국의 식량 문제는 어떻게 전개될까요?

도시 생활이 오래되면서 거의 알 수 없고 접할 수 없는 농촌의 4계를 볼 수 있는 영화를 봤습니다.

일본 영화 "리틀 포레스트" 입니다.

이와테현 코모리라는 작은 농촌 마을을 배경으로 봄, 여름, 가을, 겨울의 계절 풍광과 함께 시골의 참모습을 아주 극명하고 세밀하고 그린 작품이 이 영화입니다.

어느 날 갑자기 집을 버리고 나가버린 어머니, 도시 생활에 지쳐서 도망치다시피 돌아온 시골 생활을 카메라는 계절과 함께 변화되는 들판과 산의 풍부한 색채, 자신이 키우거나 자연 속에서 발견한 먹거리를 음식으로 만들어 가는 과정까지도 설명과 함께 그려냅니다.

색채를 더욱 손을 봤는 지 눈이 부실 정도로 화면 가득한 영상미가 잊을 수 없는 작품입니다.

카메라를 통해서 화면에 드러나는 색채는 자연에서 느끼는 감도(感度)를 훨씬 더 배가시킨 느낌입니다.

장, 된장, 고추장 등등 이제는 슈퍼에서나 시장에서 사는 것을 당연히 여기고 살아가고 있습니다.

그렇지만 영화를 통해 자연에서 따온 먹거리를 자신이 직접 가공해서 만들어서 먹는 과정을 보며 참 신기했습니다.

먹을 수 있는 산나물이며 열매인지를 구분하지 못하기에 그런 자연인과 같은 삶이 멋있게 보이기도 했습니다.

애니메이션 감상

모모와 다락방의 수상한 요괴들

얼마 전에 "마이 마이 신코 이야기"라는 애니메이션을 볼 기회가 있었습니다.

아이들이 어렸을 때 일요일마다 방영되는 "사자에상"을 함께 보았던 때 이후로 애니메이션을 거의 보지 않고 있습니다.

가장 최근에 본 기억이 수년 전에 남동생과 같이 본 "하울의 움직이는 성"입니다.

이제 우리는 24시간 그중에 잠을 자지 않고 깨어 있는 시간을 쪼개어 취미 생활이며 여가 생활을 즐깁니다.

오락 거리가 별로 없었던 옛날과는 비교할 수 없을 정도로 많은 유혹 거리가 우리 주위에 있기에 2시간 이상의 시간을 어느 하나에 집중해서 볼 수 없는 삶이 되어가고 있습니다.

스마트폰의 영향인지 시간이 가는 것을 잊을 정도로 무언가에 깊이 몰두하기가 점점 어려워져 가고 있습니다.

무심코 클릭해서 보게 된 이 애니메이션은 오래간만에 참석한 기도 모임 후에 그 여운이 사라지기도 전에 현실을 벗어난 요괴가 나타나는 기이한 세계를 맛보게 했습니다.

2시간이란 절대 짧지 않은 시간을 별로 지루한 감 없이 금방 보내게 되었습니다.

"모모에게"라는 편지 서두만이 쓰인 채 내용이 적 혀있지 않은 편지지는 모모라는 초등학교 6학년 여자아이에게 남겨진 아버지의 마지막 편지였습니 다.

말다툼을 끝으로 헤어진 아버지는 사고로 영원히 돌아오지 않는 몸이 되었습니다.

엄마와 둘이 동경에서 시골 섬마을로 이사를 해서 생활하게 된 여자아이 모모는 이제는 두 번 다시 만날 수 없는 아버지와의 아픈 이별이 언제나 마 음을 아프게 하고 자신에게 남겨진 편지지에 아버 지가 담고 싶었던

내용을 알고 싶은 마음에 안타까워합니다.

수호신이라는 이름으로 모모의 주위에 나타나게 된 3명(?)의 요괴들과의 시간이 참으로 재미있게 그려져 보면서 저절로 웃음이 터지곤 했습니다.

항상 배가 고파하는 요괴들을 돕기 위해 찾아간 산에서 요괴들은 멧돼지 새끼를 탈취해옵니다.

그 요괴들을 뒤좇아오는 멧돼지들과의 추격전이 재미있었습니다.

요괴들과 희한한 춤 장면도 너무나 섬세하게 표현 된 애니메이션의 움직임에 웃음을 띠며 바라본 장 면입니다.

이 세상에 태어나 이 세상을 떠나게 되는 순간까지 우리는 매일 얼마나 많은 만남과 이별을 경험하게 살게 될까요?

오늘 잠자리에 드는 순간이 죽음의 순간이 될 수도 있습니다.

오늘 손을 흔들며 헤어진 이별이 어쩌면 영원한 이별이 될 수도 있습니다.

남동생은 사랑하기에도 짧은 시간을 다투며 살지는 말자는 말을 자주 합니다.

그러나 우리는 그것을 순간순간 잊고 삽니다.

가족이란 관계를 친구와 직장 동료들을 습관처럼 타성처럼 여기며 살아갑니다.

언제나 만날 수 있다는 안심감이 관계를 소홀하게 하고 언제나 전할 수 있다는 생각으로 자신의 마음을 뒤고 미룹니다.

그러나 우리에게 내일은 영원히 오지 않는 오늘이 될 수 있습니다.

우리가 확실히 소유할 수 있는 시간은 바로 오늘 이 순간뿐입니다.

그러기에 하루하루의 삶을 공유할 수 있는 시간을 사랑으로 채워가길 바랍니다.

당신이 던진 말이 사랑하는 상대가 들은 마지막 말이 될 수도 있습니다. 소홀하게 떠나보낸 사람을 두 번 다시 볼 수 없는 날이 올지도 모릅니다.

폭풍우 치는 밤에

드라마에 걸리는 시간이 길어지면서 길어야 2시간 정도로 끝나는 영화를 찾아서 보게 된 게 동성애 영화와 그런 냄새를 느끼게 한 일본 만화영화 "폭풍우 치는 밤에"입니다.

예전부터 보고 싶었던 일본 애니메이션을 찾다가 어떤 애니메이션 사이트에서 우연히 보게 된 애니메이션이 "폭풍우 치는 밤에"입니다.

아이들이 어렸을 적에 라디오를 통해 15분 정도로 만들어진 "오하나시 데떼고이-이야기 나와라"라는 어린이 프로그램을 녹화해서 아이들에게 들려주었습니다.

거기에서 극화된 이야기를 들은 적이 있지만, 아직 원작 소설을 읽은 적은 없고 애니메이션을 먼저 접하게 되었습니다.

가브와 메이라는 늑대와 염소의 슬픈 사랑 이야기입니다.

2005년도에 개봉된 영화로 애니메이션의 배경이 너무나 아름답습니다.

원작 소설은 어떤 식으로 표현되어 있는지 잘 알수 없기에 조금 조심스러운 부분이지만 애니메이션 영화로 만들어져 전달되어 오는 느낌이 왠지 우정이라는 이름보다는 동성애 코드가 진하게 느껴지고 있습니다.

의인화되어 표현되는 두 마리의 동물들의 데이트 장면에서 서로의 목에 감긴 스커프(도시락보)의 색이며 애틋한 느낌이 우정보다는 연인처럼 느껴집니다.

종족이 다른 둘이 자신의 존재에 갈등하며 번민하는 과정이 결국, 아직은 사회적으로 받아들여지지 않는 동성애자들의 본심을 영화로 표현한 것은 아닐까 하는 생각이 들고 있습니다.

요새는 텔레비전에서도 동성애자의 사랑을 그린 드라마가 방영되고 일본에서는 보이즈 러브라는 이름으로 남자 동성애자들의 사랑을 그린 책과 만화 심지어 잡지까지 출판되고 있습니다.

전 세계적으로 동성애를 사람들에게 은연중에 지지하고 받아들이기 위해 많은 시도와 의도적인 접근이 행해지고 있습니다.

목회 강단에서 공공연하게 동성애를 반대하고 죄라고 주장하는 목사들이 벌금을 물고 감옥에 가는 일들이 벌어지는 세상입니다.

이제는 그런 이야기가 외국 이야기만으로 끝나지 않고 레즈비언이라는 것을 공표하며 선거 공약을 건 학생이 명문 대학 선거에서 선출되는 나라가 유교 국가로 인정되고 있는 한국에서 벌어지고 있습니다.

인류의 삶 속에서 대부분 사람이 꺼리고 혐오했던 동성애라는 금지된 사랑이 이제는 합법적이고 정당한 사랑의 형태로 자리 잡아가고 인식되어 가고 있습니다.

어떤 이름의 금지된 사랑도 불타는 듯한 감정 속에서 자신을 제어하기 힘든 당사자들에게는 너무나 아름답고 절절한 사랑이 되겠지요?

사랑 이야기를 좋아하기에 여러 종류의 사랑 이야기를 보고 있습니다.

여러 가족의 구성원이 등장하는 가족 드라마보다는 연인들의 사랑 감정을 섬세하게 그린 드라마를 좋아합니다.

어떤 남녀가 서로를 의식하며 진전되어 가는 과정이 작은 손짓과 표정과 행동으로 은근하게 전해지고 서로의 감정이 점점 발전되어 가는 과정들이 좋습니다.

사람이 사람을 사랑한다는 것은 미워하거나 증오, 무관심보다는 절대적으로 좋은 감정일 것입니다.

사랑하기에 상대방을 위해 무언가를 해 주고 싶고 때로는 자신의 목숨까지도 내줄 수 있습니다.

인류를 지금까지 존속시킨 것도 사랑입니다.

그리고 그 사랑을 인간에게 부여한 존재는 창조주 하나님입니다.

기독교인이 믿는 그 하나님의 본성이자 속성이 사랑입니다.

하나님께서 인간에게 주어진 사랑의 속성을 우리는 누리고 기쁨을 만끽합니다.

사랑하게 되면 상대방을 의식하게 되고 관심을 끌게 되고 상대방과 같이 있고 싶고 상대방을 기쁘게 하려고 노력하게 됩니다.

자신의 사랑을 표현하기 위해 사람들은 여러 가지 노력을 합니다.

전화하고 선물을 하고 우선 순위 속에 그 존재를 둡니다.

그리고 상대방을 독점하고 싶고 자신을 알아주기를 원하고 좋은 것을 서로 나누고 싶어 합니다.

단지 같이 있으며 서로의 시간을 공유하고 추억을 만들어 가는 과정이 너무나 행복하고 즐겁기만 합니다.

그러나 그 사랑이 언제나 평탄하지만은 않기에 사람들은 힘들어하고 갈등하고 고민합니다.

특히나 금지된 사랑을 하게 되는 사람들에게 있어 그 사랑은 사회적인 편견과 차별 속에서 극단적인 선택을 하게 만들기도 합니다.

불륜이며 동성애, 또한 여러 가지 부정적인 사회적인 통념과 제재를 안고 시작하는 사랑이 있습니다.

그 사랑이 사회적으로 아무리 손가락질을 받을지라도 그들에게 있어서 그 사랑은 단지 너무나 힘들지만 어쩌면 멈출 수 없는 사랑인지도 모르겠습니다.

그러나 어떤 이유로든 정해진 규칙과 선을 넘었을 때 이미 그 사랑은 서로를 아프게 하고 주위 사람들을 힘들게 합니다.

아무리 서로를 향한 그 감정이 강할지라도 인간이기에 때로는 자신을 억제하고 포기하는 절제도 필요한지도 모릅니다.

선악과를 먹고 싶은 제어할 수 없는 욕망과 감정에 져서 그 선악과를 맛보고 난 에덴의 두 남녀 아담과 이브를 떠올립니다. 한순간의 쾌락과 영원한 죽음은 너무나 비싼 대가였습니다.

지금도 어떤 사람들은 사회적으로 도덕적으로 금지된 사랑을 하고 있을지도 모릅니다.

그 사랑의 향기가 얼마나 달콤한지 알 수 없지만 그 사랑의 결말은 과연 어디를 향하고 있는지 그 위험한 사랑의 함정에서 부디 돌아올 수 있게 되길 소망합니다.

단탈리안의 서가

최종회까지 시청한 애니메이션은 거의 없었는데 전 12회 작 "단탈리안의 서가"가 시리즈 마지막까지 본 첫 번째 애니메이션이 되었습니다.

그런데 단탈리안의 서가는 순정물이 아닌 탓인지 검색창에서는 발견하지 못한 애니메이션인데 인물이며 배경 그림 등이 아름답고 회의적이며 애조를 띤 주제가까지 매력적입니다.

주인공은 휴이 엔서니 디즈워드라는 전직 군인 출신의 비행사로 장서 수집광이었던 할아버지의 유품을 정리하기 위해 할아버지의 저택을 방문합니다.

거기서 다리안이라는 소녀를 만납니다.

그리고 "독희"라고 불리는 다리안과 함께 금지된 책 "환서"로 인해서 세상에서 발생하는 사건을 해결하고 그 환서를 회수하는 내용입니다.

거의 매회 한 권의 책으로 인해 여러 가지 괴사건과 살인 등이 저질러지는 내용을 보면서 책이라는 매체가 얼마나 무서운 영향력과 파급 효과를 가지고 있는가를 소름 끼치게 실감하고 있습니다.

이 애니메이션을 보면서 오래전 읽었던 "무"라는 책을 떠올렸습니다.

"무"는 소설책으로 완독했을 때 내 정신상태가 허무적이고 절망적인 감정으로 가득 차면서 영적인 상태가 착 가라앉는 경험을 했습니다.

그리고 책이 이토록 파괴적이고 커다란 파급력을 독자에게 줄 수 있다는 것을 처음으로 깨달은 계기가 되었습니다.

문장을 통해, 누군가의 악기 연주에서, 때로는 그림이나 필체를 보고 그 사람의 성격과 영적 상태를 파악할 수 있다고 들었습니다.

문자의 나열이 모여서 문장이 되고 생각을 전달합니다.

그리고 그 문장을 읽는 독자를 때로는 죽음으로 이끌 수도 있다는 사실은 괴테의 "젊은 베르테르의 슬픔"이라는 책으로 증명되고 있습니다.

책은 그 책을 기록한 사람의 영감과 생각과 주장이 적혀있습니다.

그래서 그 책을 읽는 사람들은 자기도 모르게 그 작가에게 영향을 받을 수밖에 없습니다.

선한 의도와 생각으로 독자를 선하게 유도하는 책이 있는가 하면 이 애니메이션에서 그려지는 여러 가지 이름과 종류의 "환서"처럼 사람들을 죽이고 파괴하고 자신의 욕망을 채우기 위해서 쓰이고 사용되는 예도 있을 것입니다.

스마트폰이 보급되면서 갈수록 독서 인구가 줄어

들고 있다고 들었습니다.

그러기에 이 애니메이션에서 그려지는 "환서"처럼 책으로 인한 폐해는 줄어들겠지만, 인터넷 사이트에 올려지는 수많은 발언과 주장이 이 시대의 또 다른 "환서"의 역할을 담당하고 있습니다.

악의적인 의도를 교묘하게 숨겨서 자신의 주장을 전달하는 때도 있지만 때로는 확연하게 드러내놓고 누군가를 죽이거나 파멸시키기 위해 선동하는 문장도 있을 것입니다.

책을 읽지 않기에 깊이 있는 사고가 할 수 없고 단락적인 사고에 멈춰있는 현대인들에게 인터넷상에서 접하는 수많은 정보와 문서들은 얼마나 무서운 "환서"로 변할 수 있는 것인지 두렵고 떨리는 마음입니다.

금지되고 봉인되어야 할 지식과 정보마저 자유롭게 손에 넣을 수 있는 인터넷 세상에서 잘못된 생각과 욕망을 절제하고 바르게 살아가기 위해서는 정녕 지혜가 필요한 때입니다.

피아노의 숲

숲에 놓인 피아노를 재미 삼아 연주하던 소년이 주인공입니다.

그 소년의 천재적인 재능을 눈치챈 피아니스트가 그 소년을 세계적인 피아니스트로 키워나가는 내용입니다.

애니메이션이 전개되어 가는 과정에서 피아니스트를 목표로 열심히 연습하고 대회에 출전하는 아이들과 만남이며 그들이 가진 고민과 고통이 그려집니다.

그리고 매번 영상과 함께 아름다운 피아노곡이 흘러나옵니다. 애니메이션과 함께 매번 피아노곡을 감상할 수 있습니다

애니메이션 '피아노의 숲'은 피아노 대회와 발표회에서 자신의 차례를 기다리는 아이들의 모습이 그려져 있습니다.

관객 앞에서 긴장하고 자신이 익힌 피아노 실력을 발휘하지 못하는 고통도 있습니다.

또한, 아무리 연습해도 넘을 수 없는 재능의 차이에 힘들어하는 모습도 있습니다.

천재와 범재 사이의 격차를 느끼며 고통받은 사람들은 역사 속에서 늘 존재했습니다.

작가의 말

이 책을 손에 들고 읽어내려가는 분들에게 감사드립니다. 흡족하고 좋은 만족한 만남이 되길 바라는 마음입니다.

아침에 눈을 뜨고 새로운 하루를 맞이하면서 똑같은 것처럼 느껴지는 삶이지만 어제와 같은 오늘, 오늘과 똑같은 내일은 없습니다.

아무리 후회해도 과거를 바꿀 수 없고, 허락되지 않은 내일을 맞이할 수는 없습니다.

오락거리가 없었던 시절, 기나긴 밤을 어떻게 지냈을까요?

지금은 텔레비전, 영화, 인터넷을 통해 수없이 쏟아지는 볼거리가 우리를 기다리고 있습니다.

삶 속에서 접하게 된 그 많은 드라마와 영화들, 아무리 그 감동이 강렬해도 기록으로 남기지 않으면 기억 속에서 거의 흔적도 없이 사라집니다.

그것이 아쉬워서 여운이 사라지기 전에 생각을 정리하고 느낌을 글로 남겼습니다.

각자의 기호와 취향이 다르고 여건과 기회에 따라 볼 수 있는 선택의 폭이 결정되겠지요?

책을 읽어보고 흥미를 느껴서 언젠가 감상해 보는데 참고가 될 수 있길 기대합니다. 늘 행복하고 즐거운 하루하루가 되길 소망하며….

일본 드라마에 빠져서(영화 포함)

인　　쇄 : 2021년 3월 15일 초판 1쇄
발　　행 : 2021년 3월 25일 초판 1쇄
지은이 : 오연자
펴낸이 : 오태영
출판사 : 진달래
신고 번호 : 제25100-2020-000085호
신고 일자 : 2020.10.29
주　　소 : 서울시 구로구 부일로 985, 101호
전　　화 : 02-2688-1561
팩　　스 : 0504-200-1561
이메일 : 5morning@naver.com
인쇄소 : TECH D & P(마포구)
값 : 12,000원
ISBN : 979-11-972924-7-7